Ralf Heimann

Von süßigkeiten bekommt man karisma

W0175091

Autor

Ralf Heimann hatte nie Verständnis für Eltern, die Dialoge mit ihren Kindern zum Besten gaben – bis er selbst Vater wurde. Er fing an, die Bonmots seines Sohnes aufzuschreiben, irgendwann begann er, auch die von anderen Kindern zu sammeln. Heute veröffentlicht er die lustigsten Dialoge auf der Facebook-Seite »O-Töne aus dem Kinderzimmer«, die inzwischen mehrere tausend Fans hat. Sein Geld verdient Ralf Heimann als Journalist, unter anderem für das Kindermagazin *ZEIT Leo*, den *Stern* und das Magazin der *Süddeutschen Zeitung*.

Besuchen Sie uns auch auf
www.facebook.com/blanvalet
und www.twitter.com/BlanvaletVerlag

Ralf Heimann

VON SÜßigkEITEN bEkommt man Karisma

O-Töne aus dem Kinderzimmer

blanvalet

MIX
Papier aus verantwor-
tungsvollen Quellen
FSC® C014496

Verlagsgruppe Random House FSC® N001967

1. Auflage
Copyright © 2016 by Blanvalet in der
Verlagsgruppe Random House GmbH,
Neumarkter Str. 28, 81673 München
Redaktion: Leena Flegler
Umschlaggestaltung: semper smile, München
Umschlagmotiv: © Shutterstock/Allies Interactive;
Shtonado; Popmarleo; WorkingPENS
WR · Herstellung: tg
Satz: Uhl + Massopust, Aalen
Druck und Bindung: GGP Media GmbH, Pößneck
Printed in Germany
ISBN 978-3-7341-0280-6

www.blanvalet.de

Inhaltsverzeichnis

Vorwort

Ich dachte immer: Zitate von Kindern – das finden auch nur Eltern witzig. Ich saß am Spielplatzrand auf einer Bank und wunderte mich über die Mütter und Väter, die einander mit den Weisheiten ihrer Kinder unterhielten. Ich habe da nie mitgemacht. Ich habe auch nie aufgeschrieben, was mein Sohn zu Hause so alles gesagt hat – auch wenn wir darüber natürlich schon oft gelacht haben. Aber ich war eben der Meinung: Das finden nur wir witzig.

Dann vergingen ein paar Jahre. Inzwischen erzählt man sich nicht nur auf dem Spielplatz von den Kindern, sondern auch bei Facebook. Und irgendwann las ich da auch Dinge, die Kinder von Freunden gesagt hatten. Die Kinder kannte ich kaum. Unterhaltsam war es trotzdem. Ziemlich sogar.

Die besten Zitate legte ich mir zurück. Erst in einer Word-Datei, dann in der Facebook-Gruppe »O-Töne aus dem Kinderzimmer«, die inzwischen mehrere tausend Fans hat. Jeden Tag schicken Eltern mir Erlebnisse und Anekdoten, die alle eins gemeinsam haben: Die Kinder reißen ohne Absicht das ein, was wir Erwachsenen uns mühsam aufgebaut haben: Zusammenhänge. Wahrheiten. Die Ordnung, in der wir denken. Das kann entlarvend sein, schmerzlich oder peinlich. Aber in unserer Hilflosigkeit reagieren wir immer gleich: Wir lachen. Und etwas Besseres kann ja eigentlich gar nicht passieren.

Der Vater will die Söhne
am Mittag ins Bett bringen.
Nach fünf Minuten ist der erste Sohn
zurück. »Papa kann mich nicht
zudecken.«
Mutter: »Warum?«
Sohn: »Er schläft schon.«

schlafenszeit

Acht Uhr. Zeit, ins Bett zu gehen. Ein Abenteuer beginnt. Man liest eine Geschichte vor. Dann noch eine zweite. Dann eine dritte, allerletzte. Ein Gutenachtkuss. Man geht raus, doch kaum steht man vor der Tür, ruft die Tochter einem hinterher. Sie möchte noch ein Glas Wasser. Also bringt man noch ein Glas. Sie trinkt und rollt sich zur Seite. Augen zu. Es sieht aus, als würde sie endlich wegdösen. Aber das muss noch lange nichts heißen. Eine Viertelstunde später steht sie wieder in der Wohnzimmertür. »Mama, ich kann nicht einschlafen.«

Frühmorgens. Der Wecker hat schon geklingelt.
Der Sohn liegt noch im Bett.
Vater: »Guten Morgen, Zeit aufzustehen!
Hast du gut geschlafen?«
Sohn: »Papa, im Traum führe ich 1:0.«

**Vor dem Schlafengehen. Isabel (3)
durchwühlt aufgeregt ihr Bett.
Mutter: »Was machst du denn da?«
Isabel: »Ich such, wo der richtige Moment
zum Schlafen ist.«**

Vor dem Einschlafen. Leonie (5) kuschelt mit ihrer Mutter. Auf einmal klopft sie ihr auf den Kopf.
Mutter: »Was machst du denn da?«
Leonie: »Ich wollt nur mal sehen, ob du 'ne hohle Nuss bist.«

Morgens vor der Schule. Die Tür zum Kinderzimmer steht einen Spaltbreit offen. Der Wecker klingelt, und von drinnen hört man: »Blöder Wecker, es ist doch noch gar nicht hell.«

Maja (6) liegt schon im Bett. Die Mutter gibt ihr einen Gutenachtkuss. Als sie gerade gehen will, hat Maja noch eine Frage: »Mama, wie war das eigentlich, als du ein Kind warst und die Dinosaurier noch gelebt haben? Hattest du oft Angst?«

Mitten in der Nacht. Charlotte liegt in ihrem Bett und weint. Der Vater geht zu ihr und fragt:
»Warum weinst du denn?«
Charlotte: »Weiß ich noch nicht.«

**Im Kinderzimmer.
Vor dem Schlafengehen am Bett.
Mama: »Ich hab dich lieb, Naomi.«
Naomi: »Ich hab mich auch lieb, Mama.«**

Tochter (3): »Papa, du musst aufstehen!
Der Bäcker piepst.«

Nach dem Aufstehen. Der Sohn hustet stark.
Mutter: »Ich kauf dir heute Hustensaft.«
Sohn (gähnt): »Und Müdesaft.«

Delian (3) meldet sich morgens durchs Babyfon.
»Mama, Mama,
darf ich zu euch ins Bett kommen?«
Der Vater läuft rüber zum Kinderzimmer,
legt den Zeigefinger auf die Lippen und sagt:
»Psst, Mama schläft noch, aber du musst jetzt
aufstehen. Der Kindergarten fängt gleich an.«
Delian zieht die Decke über seinen Kopf.
»Ich bleib doch hier in meinem Bett.«

Die Mutter kommt ins Kinderzimmer,
um Janis zu wecken.
Janis: »Was für ein Albtraum.«
Mutter: »Du hattest einen Albtraum?«
Janis: »Nee, dass du hier im Zimmer stehst.«

Nicklas hat nachts seine Windel ausgezogen und ins Bett gemacht. Er ruft nach seiner Mama. Sie kommt ins Zimmer, knipst das Licht an. Nicklas sitzt mitten in der Pfütze und sagt: »Mama, hab jetzt ein Wasserbett.«

Mutter: »Du darfst deinen Kaugummi noch ein paar Minuten kauen. Aber dann geht's ins Bett.« Elaina: »Mama, ich kau meinen Kaugummi noch vierzig Minuten, dann schluck ich ihn runter, und dann geh ich ins Bett, okay?«

Vor dem Schlafengehen. Fanny (6) beendet ihr Nachtgebet. »Gute Nacht, lieber Gott. Und grüß mal ganz herzlich deinen Sohn Jesus von mir.«

Mina möchte vor dem Schlafengehen immer kuscheln und ganz viele Küsschen verteilen. Eines Abends hört sie mittendrin ganz unvermittelt auf, schiebt ihren Vater weg und sagt: »So, Papa, genug Kussis für heute. Ab ins Bett. Hopp, hopp!«

Die Taufpaten sind zu Besuch. Morgens geht Felix (3) in ihr Schlafzimmer und weckt sie unsanft, indem er ihnen die Decke wegzieht. Als sie erschrocken die Augen aufreißen, stemmt Felix die Arme in die Hüften und sagt: »So! Genug geschlafen!«

Beim Babysitten. Die Tochter (3) möchte vor dem Schlafengehen noch etwas trinken. Sie nimmt ihren Becher, hält ihn in die Luft und sagt feierlich: »Hoch die Tassen!«

Milo (6) wacht auf, weil er schlecht geträumt hat.
Milo: »Mama, hast du auch schon mal von Gespenstern geträumt?«
Mutter: »Ja, hab ich.«
Milo: »Und bist du dann aufgewacht, und schon war das Grauen vorbei?«

Kurz nach Mitternacht. Aus dem Kinderzimmer ist ein Schluchzen zu hören. Die Tochter (4) weint. Die Mutter öffnet die Tür. »Warum weinst du denn?« Tochter: »Erst hatte ich Albträume, und jetzt hab ich Hunger.«

Sohn: »Du, Mama, wenn ich groß bin und zwei
Freundinnen hab, dann geh ich mit denen ins Kino.«
Mutter: »Zwei Freundinnen? Das macht man aber
nicht, Schatz. Man hat nur eine.«
Sohn: »Aber ich brauch zwei. Für jedes Ei eine.«

Schlafenszeit. Die Mutter singt
der Tochter etwas vor.
Mutter: »Ein Lied noch, dann legst du dich ins Bett.«
Tochter: »Nein, ich will jetzt schon.«

Vater-Sohn-Gespräch am Morgen.
Sohn: »Papa, ich bin ein Sohn.«
Vater: »Ja.«
Sohn: »Und du bist auch ein Sohn.«
Vater: »Ja.«
Sohn: »Und Mama ist eine Torte.«
Vater: »Ach … okay?«
Sohn: »Weißt du, was ich noch geträumt habe?
Dass ihr in der Kacke sitzt.«

**Wochenende. Der Sohn darf länger aufbleiben als
sonst, er liegt auf dem Sofa, und die Augen fallen
ihm immer wieder zu. Nachdem die Mutter ihn
zum dritten Mal darauf aufmerksam gemacht hat,
dass seine Müdigkeit doch schon sehr sichtbar sei,
ruft er: »Nein, ich bin nicht müde! Ihr seid müde!«**

Den Sohn geweckt.
»Nicht wieder einschlafen.«
»Nein.«
»Wach bleiben jetzt.«
»Jahaaa.«
»Nicht schlafen.«
»NEIN, MANN!«
Eingeschlafen.

Die Mutter hat Moritz (4) ins Bett gebracht und
sitzt auf der Bettkante. Sie sprechen über
Gespenster. Es sind keine zu sehen.
Moritz: »Mama, Gespenster kann man nicht sehen.
Die sind ohne Sicht.«

Die Tante ist zu Besuch. Morgens um sieben
stürmen die beiden Nichten in ihr Zimmer.
Tante (freundlich hilflos): »Warum lasst ihr
eure Eltern schlafen, aber mich nicht?«
Nichte: »Du hast keine Kinder!«
Tante: »Ja und?«
Nichte: »Mama und Papa haben uns.
Die brauchen auch mal Ruhe.«

Es ist halb neun
und damit langsam Zeit,
ins Bett zu gehen.
Der Sohn zum Vater:
»Papa, können wir das mit
dem Zähneputzen
heute nicht wieder so wie
gestern machen, dass
wir das morgen machen?«

Joschua sollte längst im Bett sein,
ist aber immer noch ziemlich aufgedreht.
Mutter: »Jetzt fahr mal wieder runter, Joschua!«
Joschua: »Kann ich nicht. ›Fahr runter‹ ist kaputt.«

Früh am Morgen. Der Vater kommt
ins Schlafzimmer. »Auf jetzt, wir müssen los.«
Emil (5): »Wenn du mich schlafen lässt,
stehe ich auf.«

**Der Sohn (5) ist kränklich. Er liegt schon den
ganzen Nachmittag im Bett. Als die Mutter
abends ins Zimmer kommt, um Gute Nacht zu
sagen, hat er noch eine Bitte: »Mama, kannst
du mir noch einen Tee ausbrüten?«**

Die Mutter kommt morgens ins Zimmer und
weckt den Sohn (4), indem sie abrupt die Jalousien
hochzieht. Sie hat ihn offenbar aus einem Traum
gerissen. Er ist noch nicht ganz wach.
Sohn: »Mama, gibt es in Deutschland Krokodile?«
Mutter: »Nein, mein Schatz.«
Sohn: »Aber gerade hat mich doch eins
aufgefressen.«

Der Wecker klingelt seit Minuten, aber William (6)
scheint das nicht zu stören. Er bleibt liegen, bis das
Klingeln nach ein paar Minuten wieder aufhört.
Die Mutter ruft ins Kinderzimmer:
»Willi, der Wecker hat geklingelt.«
William: »Der ist so doof.
Der weckt mich vor dem ersten Kakao.«

Es ist fast zehn Uhr. Die Mutter fordert
Leonie jetzt schon zum dritten Mal auf, endlich ins
Bett zu gehen. Dann geht sie in die Küche.
Als sie nach zwei Minuten wieder ins Wohnzimmer
kommt, liegt Leonie auf dem Boden, deutet in
Richtung Tür und flüstert: »Ich bin nur ein Stein,
aber sie ist da lang.«

Vor dem Schlafengehen putzt die Mutter
Mayas (3) Zähne. Erst links, dann rechts.
Plötzlich rutscht sie ab und streift mit der Bürste
unsanft das Zahnfleisch.
Maya: »Aua, Mama, das war meine Fleischwurst!«

**Leo (4) morgens um 5.30 Uhr
aus dem Kinderzimmer: »Mama! Mamaaa!«
Mutter: »Ja? Was ist?«
Leo: »Kannst du mich aufwecken?«**

Vor dem Mittagessen.
Mama:
»Hast du dir die
Hände gewaschen?«
Sohn (7):
»Wieso, ich ess doch
mit der Gabel!«

Essen ist fertig

*Abendessen. Der Tisch ist gedeckt, aber es fehlt noch
jemand: die Kinder. Man ruft sie. Man ruft ein weiteres Mal.
Durch den Flur dringt ein gelangweiltes: »Ja, ja, wir
kommen gleich.« Aber es kommt niemand. Also steht man
auf, um sie zu holen. Jetzt aber schnell. »Eine Minute noch!«
Nein, keine Minute. Sie trotten widerwillig hinter einem her,
setzen sich auf ihren Platz, stochern in ihrem Essen herum,
schieben sich lustlos einen Happen in den Mund und lassen
die Gabel gleich wieder fallen. »Die Nudeln sind kalt.«*

**Mutter und Tochter sitzen am Küchentisch.
Auf dem Tisch stehen Brötchen, Brot, etwas
Rührei und eine Schüssel mit Paprika.
Mutter: »Na, was möchtest du zum
Abendbrot essen?«
Tochter: »Popel.«**

Die Tochter (1) matscht mit den Händen in ihrem
Essen herum. Die Mutter sieht sich das eine Weile an.
Irgendwann fragt sie leicht genervt: »Willst du jetzt
'nen Löffel?« Die Tochter matscht weiter, schüttelt
den Kopf, hält kurz inne und sagt: »Nee, 'ne Gabel.«

Die Mutter stillt den Sohn auf dem Sofa.
Der Sohn schnaubt verärgert.
Mutter: »Was ist denn los?«
Sohn: »Keine Milch.« Dann versucht er es noch mal.
Mutter: »Kommt jetzt Milch raus?«
Sohn: »Wasser marsch!«

Jasmin (8) hängt am Bein ihrer Mutter, die am Herd
steht und kocht. Dann blickt Jasmin auf und sagt:
»Mama, ich liebe es, wenn du kochst. Da riecht es
immer so gut, und manchmal schmeckt es auch.«

Die Tochter (5) soll essen, aber sie ist abgelenkt:
Sie winkt einer CD zu, die auf dem Tisch liegt.
Die Mutter sieht sie fragend an.
Tochter: »Die hat mir gewinkt.«
Mutter: »Und jetzt wink mal dem Fleisch.«
Die Tochter winkt dem Stück Fleisch auf
dem Teller zu, sticht mit der Gabel hinein
und sagt: »So, und jetzt bekommst du
eine neue Wohnung.«

Mittagessen. Es gibt Spargel mit Petersilienkartoffeln.
Tochter (3): »Mama, ich möchte noch mehr
Kartoffeln. Aber bitte saubere.«

**Charlotta (4): »Mama, was heißt
Apfelmus auf Englisch?«
Mutter: »Keine Ahnung.
Irgendwas mit ›apple‹.«
Charlotta (zu sich selbst):
»Bestimmt Applekompott.«**

Die Mutter ruft zum Abendessen.
Der Sohn (6) kommt nicht. Nach einer
halben Minute versucht sie es noch einmal,
jetzt etwas energischer. Der Sohn ruft verärgert
aus seinem Zimmer zurück: »Du bist nicht mein
Bestimmer! Ich wünschte, ich wär frei!«

Beim Mittagessen zeigt Juna (2) auf ihren Trink-
becher: »Will das nicht austrinken. Da ist Dreck drin.«
Mutter: »Nee, das kommt alles aus deinem Mund.«
Juna (empört): »Ich hab keinen Dreck im Mund!«

Jakob (6) stochert am Mittagstisch in seinem Essen
herum. Dann lädt er sich die Gabel voll und lässt
sie so in den Kartoffelbrei fallen, dass sie darin
stecken bleibt. Die Mutter ermahnt ihn, Jakob macht
trotzdem weiter. Irgendwann wird es ihr zu bunt.
Sie nimmt Jakob die Gabel aus der Hand und
schimpft: »Jakob, warum hörst du denn nicht?«
Jakob: »Weil ihr mich nicht erzogen habt.«

**Kilian (4): »Nutella wird aus
Schokokeksen gemacht!«
Mutter: »Ach, wer hat das denn gesagt?«
Kilian: »Das musste mir keiner sagen.
Da bin ich selbst drauf gekommen.«**

Der Sohn (4) hantiert mit einer offenen
Flasche Saft und schaut dabei zum Fernseher.
Mutter: »Guckst du bitte hin, wenn du dir
was zu trinken nimmst?«
Sohn: »Gießt du mir das bitte ein?«
Mutter: »Das kannst du schon alleine.
Warum sollte ich das denn machen?«
Sohn: »Weil du dabei so gut hinguckst.«

Die Familie sitzt beim Abendessen. Sara (7) rülpst.
Der Vater schimpft: »Sara, das ist nicht witzig.«
Sara: »Na und, dafür riecht es nach Rosen.«

Vor dem Frühstück in der Küche.
Mutter zum Sohn (8):
»Deckst du bitte den Tisch?«
Sohn:
»Mama, ist Kinderarbeit nicht verboten?«

Tochter: »Mama, woher kommt eigentlich Kaffee?«
Mutter: »Der kommt von ganz weit weg.«
Tochter: »Aus dem Auenland?«

Beim Brunch am Ostermontag.
Es geht um Vegetarier.
Mutter: »Die essen dann zum Beispiel
keine Wurst und kein Fleisch.«
Carla (3): »Und was essen die dann?«

Mittagessen. Es gibt Blumenkohl.
Die Tochter (5) liebt Blumenkohl.
Sie mag überhaupt sehr viel.
Tochter: »Nur ein Gemüse mag ich
überhaupt nicht: Lakritze.«

In der Küche vor dem Kühlschrank.
Leonie (2): »Mama, ich muss jetzt einen Kinderriegel
essen, sonst bekomm ich ganz doll Bauchweh.«

In der Karnevalszeit. Franz (1) hat einen kleinen
Bruder bekommen. In der Zeitung sieht er ein Foto
von einer barbusigen Frau, die in Rio auf der Straße
tanzt. Er zeigt begeistert auf ihre nackten Brüste
und sagt: »Da! Baby-Hamham!«

Der Vater (Thüringer) kommt von der Arbeit
und begrüßt Tom (3): »Na, du Schlawiner!«
Tom (empört): »Ich bin keine Wiener.
Aber du bist 'ne Rostwurst!«

Vater (vernuschelt):
»Soll ich euch was zu essen machen?«
Tashina (3): »Waaaaas?«
Papa (deutlicher): »Soll ich euch was
zu essen machen?«
Tashina: »Ja.« Danach im Weggehen:
»Anständig reden. Geht doch.«

Der Sohn (4) ist gerade aufgestanden.
Er schleicht in die Küche. Die Mutter hat den
Frühstückstisch schon gedeckt.
Sohn: »Mama, als ich wach geworden bin,
hatte ich ganz schön Hunger.«
Mutter: »Und jetzt hast du
keinen Hunger mehr?«
Sohn: »Nee, ich hab im Bett ein paar
Popel gegessen.«

**Beim Frühstück. Die Mutter steckt
eine Scheibe Brot in den Toaster.
Der Sohn (6) blickt auf seinen leeren Teller.
»Mama, kann ich auch ein Toast broten?«**

Die Mutter ist für zwei Tage verreist.
Ausnahmsweise hat der Vater gekocht.
Sophie (2) stochert in ihrem Essen herum.
Vater: »Was machst du denn da?«
Sophie: »Ich such was Leckeres.«

Mittagessen. Sophie hält eine Tube Senf
in der Hand und betrachtet sie von allen Seiten.
Dann will sie wissen, warum auf der Tube
ein Löwe zu sehen ist.
Vater: »Das ist Löwensenf.«
Sophie (erschrocken): »Sind da
kleingequetschte Löwen drin?«

Bennet (4) beißt in eine Kugel Zitroneneis:
»Uaaah! Da ist aber viel Sauerstoff drin!«
(Es war allerdings nicht mal Süßstoff drin.)

Mittagessen. Die Tochter bearbeitet ihr
Fischstäbchen mit dem Messer und löst vorsichtig
die Panade vom Filet. Die Mutter sieht sich das eine
Weile an. Dann fragt sie: »Was machst du denn da?«
Die Tochter schaut irritiert hoch. »Na, ausziehen.«

Die Teller sind leer.
Die Mutter räumt den Tisch ab.
Sohn (6): »Mama, du hast
echt gut gekocht. Aber für
einen Applaus reicht's nicht.«

Beim Frühstück. Linnea (4) räuspert sich ziemlich laut. Als ihre Stimme sich wieder erholt hat, fragt sie: »Wie war das, Mama? Ich hab ein Schwein im Hals?«

Leon (4) spielt mit seiner Mutter Eiscafé.
Die Mutter kommt rein.
Leon: »Guten Tag, junge Frau,
was möchten Sie haben?«
Mutter: »Ich hätte gern ein Schokoeis.«
Leon: »Gern, und was möchten Sie drauf?
Salz oder Sahne?«

Milo erwischt seine Mutter
beim Chips-Essen: »Hörst du jetzt auf!
Das ist gar nicht gesund für dich!«
Er hält kurz inne. »Kann ich auch welche?«

Am Küchentisch. Mina (2) trinkt Wasser aus einem Becher. Der Vater schaut ihr zu.
Mina: »Papa, auch Durst?«
Vater: »Ja, Schatz.«
Mina reicht ihm den Becher.
»Bitte schön, ein Schluck Wasser,
werter Herr.«

Eine Freundin der Mutter ist zu Besuch
und spielt mit dem Sohn.
Unverhofft gesteht er:
»Ich mag dich lieber als Schokolade.«

Der Sohn (2) zeigt beim Abendessen
auf den Meerrettich.
Mutter: »Nein, Schatz, das ist scharf.«
Sohn: »Määh?«

Kaffeezeit. Der Sohn (4) bekommt
außer der Reihe ein Stück Schokolade.
Mutter: »Das ist aber nicht die Regel.«
Der Sohn stellt klar: »Die Regeln hier mache ich.«

Die Familie sitzt bei gedimmtem Licht
beim Abendessen. Die Mutter stellt
ein Glas Sprudel auf den Tisch.
Sohn (4): »Mama, ich weiß jetzt,
warum die Lampe so dunkel ist.
Ich soll nicht sehen, dass die Limo
mit Wasser vermischt ist.«

Der Sohn (2) tut sich mal wieder
mit dem Essen schwer. Hin und wieder steckt
er sich eine Gabel voll in den Mund,
aber irgendwann matscht er nur noch
auf seinem Teller herum.
Vater: »Bist du satt?«
Sohn (kopfschüttelnd):
»Nee, bin noch nich' aufgegessen.«

Fußball-
weltmeisterschaft
in Brasilien. Emil (4) ist
ganz aufgeregt. In ein paar
Stunden beginnt das Halbfinale.
Der Vater fragt:
»Weißt du denn noch,
wer heute Abend spielt?«
Sohn: »Na klar! Deutschland
gegen Basilikum!«

Komm, wir spielen

Eine Stunde noch bis zum Essen – Zeit genug für eine Runde Mensch-ärgere-dich-nicht. Wer fängt an? Papa. Gleich beim ersten Versuch eine Sechs. Und noch eine. Die erste Figur hat das Spielfeld fast umrundet. Mit dem nächsten Wurf landet die Figur der Tochter wieder am Start. Jetzt ärgert sich doch jemand. Kurze Pause. Man muss zum Klo. Wieder zurück. Standen die Figuren nicht eben noch anders? Die Tochter drängelt. Los, weiterspielen! Der Ärger – verflogen.

Beim Uno. Der Sohn hat seine Karten
schon vorbereitet.
Ich: »Wollen wir Karten tauschen?
Ich nehm deine, du nimmst meine?«
Sohn (überhaupt nicht begeistert):
»Du willst ja bloß gewinnen.«

Charlotte (3) spielt
mit ihrem Vater Telefonieren.
Vater: »Na, was machst du so?«
Charlotte: »Nix.«
Vater: »Willst du denn
noch Abendbrot essen?«
Charlotte: »Ja.«
Vater: »Und was willst du?«
Charlotte: »Nix.«
Vater: »Na gut. Wie sieht's denn
aus mit Aufräumen?«
Charlotte: »Tschüs!«

Im Fernsehen läuft Fußball. Die Kinder (beide 10)
sind noch wach. Die reguläre Spielzeit ist vorbei,
die Verlängerung wird angepfiffen. Es wird immer
spannender. Ein Torschrei. Doch kein Tor.
Das Gleiche noch mal. Irgendwann sagt der eine
Junge zum anderen: »Das sollte für Kinder
verboten werden. Das ist echt zu spannend.«

**Milla (4) hat aus irgendeinem Grund
eine Bügelperle in der Nase.
Milla: »Mama, die kam plötzlich geflogen
und ist in meinem Nasenloch gelandet.«
Ihre kleine Freundin (vollkommen entsetzt):
»O mein Gott! Welche Farbe hat die denn?«**

Der Neffe (7) sitzt in seinem Zimmer und malt.
Die Tante kommt ins Zimmer, schaut ihm
über die Schulter.
Tante: »Was malst du da?«
Neffe: »Stör mich nicht. Ich bin Künstler.«

Vater und Sohn gucken Fußball. Das Spiel
hat gerade begonnen. Der Vater erklärt: »Die in den
roten Trikots – das ist der 1. FC Köln.«
Sohn: »Und die Weißen sind der 2. FC Köln?«

Emilia (3) sitzt auf der Couch. Im Fernsehen
läuft Tennis. Sie sieht sich das Spiel
eine Weile interessiert an. Dann fragt sie:
»Mama, warum haben die ein Sieb in
der Hand?«

Der Sohn (4) fragt seinen Vater:
»Papa, spielen wir Vater und Sohn?
Ich möchte der Vater sein.«
Der Vater macht mit und fragt in seiner
neuen Rolle: »Wollen wir was spielen?«
Sohn: »Können wir machen.
Aber erst musst du dein Zimmer aufräumen.«

Die Tochter füllt ein Pippi-Langstrumpf-
Freundealbum aus. Eintrag 21:
Das würde ich gern mal mit Pippi machen.
Die Tochter verzieht angeekelt das Gesicht.
»Wegspülen!«

Auf dem Spielplatz. Mutter und Tochter (3)
sitzen auf einer Bank.
Mutter: »Ich sehe was, was du nicht siehst.«
Tochter: »Was denn?«

Jonas (3) hat draußen im Garten gespielt
und rennt dann mit dreckigen Schuhen in den Flur.
Mutter: »Zieh deine Schuhe aus!«
Jonas (schluchzend): »Gleich. Wenn ich fertig
geheult hab.«

**In der Spielzeugküche. Felix (3) teilt das Essen
auf drei Teller auf. Es gibt einen für eine kleine,
einen für eine mittlere und einen für eine
große Portion. Felix zeigt auf den großen Teller:
»Der hier ist für mich.« Dann auf den mittleren:
»Der für Mama.« Dann macht er eine kurze Pause:
»Und der Rest ist für Papa.«**

Sohn: »Vorhin haben wir Mama,
Papa, Kind gespielt.«
Vater: »Und, was warst du?«
Sohn: »Mein Kumpel und ich waren
beide Papa.«

Leon (6) kommt von oben bis unten
schmutzig vom Spielen herein.
Die Mutter schlägt die Hände über
dem Kopf zusammen. »Oh nein,
so viel Matsch! Ich werd verrückt!«
Leon (beschwichtigend): »Mama, das ist
nur Knochenschutz.«

Sohn (6): »Mama, wollen wir Fußball spielen?«
Mutter: »Gern. Dann hol doch schnell den Ball.«
Der Sohn geht ins Haus, kommt zurück, hält den
Ball hoch und sagt: »Mama, den können wir nicht
nehmen. Der ist völlig aus der Puste.«

Mutter und Sohn (4) beim Brettspiel.
Mutter: »Du schummelst ja!«
Sohn (4): »Ich schummle nicht. Ich gewinne.«

Nach der Schule.
Der Sohn kommt
frustriert nach Hause.
Vater: »Was ist denn los?«
Willi (6): »Ich bin nicht gut
genug für die Fußball-AG.«
Papa: »Ach was, wenn du weiter
übst, dann wird das schon.«
Willi: »Nein, ich geb auf.«
Papa: »Quatsch, du magst doch
Manuel Neuer. Der spielt auch
Fußball und gibt nicht gleich auf.«
Willi (im Brustton
der Überzeugung):
»Ja, aber der spielt auch
nur im Fernsehen.«

**Mina (2) tobt mit ihrem Vater im Bett.
Plötzlich baut sie sich auf, streckt ihre Arme aus,
zieht eine bedrohliche Grimasse und sagt mit
tiefer Stimme: »Papa, du musst dich verstecken!
Ich bin ein riesengroßes Monsterleinchen.«**

Milo (6) soll das erste Mal beim Fußballtraining
der U7-Mannschaft teilnehmen, er möchte aber
lieber zum U6-Training, denn da spielt sein Freund
Jonathan. Heulend wirft er sich zu Boden und
schreit: »Mama, warum hast du mich so früh geboren?«

Mit der Tochter Sophie (4) zu Besuch bei Freunden.
Deren Tochter (7) und der Sohn (5) kämpfen
miteinander. Die Tochter fragt: »Sophie,
für wen bist du?«
Sophie (ohne zu überlegen):
»Dortmund.«

Sohn: »Mama, ich wünsch mir diese Schuhe
mit den Kuchen drunter.«
Mutter: »Welche?«
Sohn: »Na, die mit dem Kuchen.
Zum Fußballspielen.«
Mutter: »Mit welchem Kuchen denn?«
Sohn: »Dem Stollen.«

Auf dem Spielplatz. Die Tochter ist schon eine Weile beschäftigt. Irgendwann sagt der Vater: »Komm, wir gehen nach Hause.«
Tochter (5): »Kann ich nicht noch ein bisschen spielen?«
Vater: »Nein, komm, jetzt gehen wir heim zu Mama.«
Tochter: »Willst du denn nicht, dass ich glücklich bin?«

Wochenende. Der Sohn will den Vater dazu überreden, sich mit ihm vor die Spielekonsole zu setzen, doch der Vater ist noch mit Hausarbeit beschäftigt. Er steht da mit dem Staubsauger in der Hand.
Sohn: »Aber, Papa, Wii-Spielen ist doch viel schöner und cooler als Staubsaugen!"

Der Vater sitzt mit Tashina (3) und Finley (2) im Wohnzimmer.
Tashina: »Können wir Kitty-Memory spielen?«
Vater: »Na ja, gut.«
Tashina: »Aber der Finley nicht.«
Papa: »Nein, der kann das noch nicht.«
Tashina: »Ja, der muss erst ein Mädchen werden.«

In der Spielecke.
Zwei Kinder diskutieren lautstark miteinander.
Der Vater sieht nach und fragt:
»Was ist denn hier los?«
Tashina (3): »Hör auf, dumme Fragen zu stellen.«

Vater: »Kinder, könntet ihr bitte
ein bisschen leiser spielen?«
Kind 1: »Ja.«
Kind 2: »Nein.«
Kind 1 (mit zunehmender Lautstärke): »Ja!«
Kind 2: »NEIN!«

Milo (6) hält seiner Mutter eine Flasche Wein hin.
»Mama, kannst du die bitte austrinken?
Ich will eine Flaschenpost bauen.«

Der Sohn (3) sitzt auf dem Schoß der Mutter.
Sie spielen Ich-sehe-was-was-du-nicht-siehst.
Sohn: »Ich sehe was, was du nicht siehst,
und das ist eine Tür.«

**In der Kirche. Der zweijährige Sohn sieht das
Kreuz hinter dem Altar. Er glaubt, das Spiel
erkannt zu haben: »Mühle! Müüühleee!«**

Sam: »Mama,
können wir fernsehen?«
Mutter: »Gleich.
Erst müssen wir putzen.«
Sam: »Ich fang schon mal an.«
Mutter: »Ja, räum doch
schon mal dein Zimmer auf.«
Sam: »Ich meine,
mit dem Fernsehen.«

Wunder
der Technik

Zum vierten Mal: Kinderzimmer aufräumen! Das kann doch wirklich so schwer nicht sein. Man wird die Drohung jetzt wohl wahr machen müssen. Das Tablet bekommt eine Kindersicherung. Aber wie geht das noch mal? Unter Einstellungen? Sicherheit? Da gab es doch irgendwo diese Option. Aber wo? Nicht zu finden. Verflixt. Der Sohn steht vor einem. Er zeigt auf das Tablet und sagt mit mitleidigem Blick: »Soll ich dir helfen?«

Im Fernsehen läuft Leichtathletik. Ein Sportler nimmt Anlauf und springt in eine Sandgrube. Die Mutter erklärt: »Der macht Dreisprung.« Dann wird die Wiederholung gezeigt. Alex (4) korrigiert: »Viersprung.«

**Der Vater sitzt mit dem Sohn vor
dem Fernseher. Irgendwann sagt der Sohn (3):
»Papa, wenn man ganz viel Fernsehen
schaut, wird man später Schauspieler.«**

Das Fernsehen überträgt die Olympischen Spiele.
Vor dem Wettkampf springen die Läufer auf der
Tartanbahn auf und ab, um sich warm zu machen.
Tochter (5): »Mama, müssen die alle aufs Klo?«

**Im Fernsehen laufen Nachrichten.
Zu sehen ist eine Militärparade. Rieke (1) zeigt
auf die marschierenden Soldaten und
ruft begeistert: »Tanzen!«**

Mutter und Tochter sitzen vor dem Fernseher.
Das Sandmännchen verabschiedet sich.
Der Abspann läuft.
Mutter: »So, jetzt Zähne putzen und
dann ab ins Bett. Sonst kommst du morgen
nicht aus den Federn.«
Tochter: »Mama, ich bin drei Jahre alt!«

Es ist schon recht spät, die Tochter sitzt
immer noch vor dem Fernseher.
Mutter: »Du, ich glaube, heute kommen keine
Kindersachen mehr im Fernsehen.«
Tochter: »Frauensachen sind auch gut für mich.«

Vor dem Fernseher. Annika (4) und
ihr großer Bruder (6) sehen sich Star Wars an.
Es ist sehr lange still. Irgendwann fragt Annika:
»Warum müssen die eigentlich nie aufs Klo?«

Laura ist krank. Sie liegt auf dem Sofa vor dem
Fernseher. Die Mutter bringt ihr abwechselnd etwas
zu trinken und Taschentücher, dann reicht sie Laura
die Fernbedienung für den DVD-Player.
Laura: »Mama, warum heißt die Fernbedienung
eigentlich Fernbedienung?«
Mutter: »Weil man damit etwas aus der Ferne
bedienen kann.«
Laura (kichert): »Dann bist du ja auch eine!«

Spaziergang am Nachmittag. Pia (4) bleibt
plötzlich stehen, zeigt auf eine Telefonzelle und
sagt: »Und in den Schrank können Menschen
gehen, wenn sie ihr Handy verloren haben.«

Mit der
Tochter auf dem Weg
zur Schule. Im Radio läuft eine
Suchmeldung. »Vermisst wird die
siebenundsechzigjährige Maria Müller
aus Neustadt. Sie ist von einem Ausflug
nicht in die Kurklinik zurückgekehrt.«
Dann mittags auf dem Nachhauseweg
wieder eine Suchmeldung. »Vermisst
wird der achtundsiebzigjährige
Horst Schneider aus Freiburg. Er ist
von einem Ausflug nicht in die
Seniorenresidenz zurückgekehrt.«
Tochter (kopfschüttelnd):
»Ich versteh das nicht. Wer
entführt denn immer so
alte Leute? Was machen die
denn mit denen?«

Die Mutter hat für den Nachmittag ein Fernsehteam angekündigt. Als die Leute eine Weile da sind, einige Einstellungen ausprobiert und viele Fragen gestellt haben, geht Philipp (5) zu seiner Mutter. Sie beugt sich zu ihm runter, und er flüstert ihr leise ins Ohr: »Mama, die kümmern sich aber gar nicht um den Fernseher!«

Im Fernsehen läuft eine Kochsendung. Der Koch greift nach ein paar Rosmarinzweigen. Sohn (5): »Mama, warum tut der den Weihnachtsbaum da rein?«

Die Tochter hat im Fernsehen *Lauras Stern* gesehen. In der aktuellen Folge hat Laura einen kleinen toten Vogel gefunden. Die Tochter spielt die Szene den ganzen Tag nach. Irgendwann will die Mutter wissen: »Warum ist der Vogel denn eigentlich gestorben?« Tochter: »Der ist gestorben, weil er tot ist.«

Kilian (4) beim Fernsehen: »Mama, warum will die Prusselise Pippi ins Waisenhaus bringen?« Mutter: »Na, weil Kinder noch nicht alleine wohnen können.« Kilian: »Aber Pippi ist doch nicht allein. Die hat einen Affen und ein Pferd.«

Babysitten bei der Nachbarstochter (3).
Es ist ganz ruhig. Im Fernsehen läuft ein
Zeichentrickfilm. Unvermittelt sagt das Mädchen:
»Papa schaut auch mit mir Tinkerbell.«
Babysitter: »Mag der das auch gern?«
Nachbarstochter: »NEIN!
Die Mama sagt dem das.«

Gespräch über eine Fernsehserie.
Vater: »Was passiert denn
bei Feuerwehrmann Sam?«
Sophie (4): »Nix Schlimmes.
Nur Hausbrände.«

Mutter zu Mateo (4): »Gibst du mir bitte
mal das Tablett? Ich möchte den Tisch abräumen.«
Mateo (verwundert): »Aber Mama,
du hast doch gar kein Tablet.«

Mutter und Tochter sitzen vor dem Fernseher.
In den Nachrichten läuft ein Bericht über ein
Erdbeben, und die Mutter schaltet um.
Die Tochter packt sie am Arm. »Nein Mama, mach
zurück! Ich will noch mal das Erdbeerland sehen.«

Tochter (3): »Mama hat ein Tablet,
Sassi hat ein Tablet …«
Vater: »Nur der Papa hat kein Tablet.«
Tochter: »Tja, der Papa ist zu alt für Tablets.«

Die Mutter zieht
sich im Schlafzimmer an.
Währenddessen sitzt die
Tochter auf einem Stuhl und spielt
mit dem Smartphone.
Tochter: »Mama, wie habt ihr
früher Selfies gemacht?«
Mutter: »Das gab es nicht.«
Tochter (irritiert):
»Wie wusstet ihr dann,
wie ihr ausseht?«

Die äußere Erscheinung

Die neue Hose sitzt doch nicht so gut, wie man dachte.
Liegt vielleicht auch am Bauch, der ja, wenn man ehrlich ist,
ein wenig größer geworden ist. Und dann noch die Frisur.
Fürchterlich. Aber mein Gott, man hat ja die Kinder.
Denen ist so was egal, für die ist man die Mami –
auch mit dieser Frisur. Das ist ja das Schöne.
Dann kommt die Tochter rein, kichert und zeigt auf die Haare:
»Mami, du siehst ja aus wie eine Vogelscheuche!«

Die Tante ist zu Besuch. Morgens
beim Frühstück bemerkt die Nichte: »Tante Karla,
du siehst sehr jugendlich aus.«
Tante Karla: »Oh, findest du wirklich?«
Nichte: »Ja, du hast so viele Pickel.«

Die Mutter steht im Badezimmer und
schminkt sich. Die Tochter (3) sieht ihr zu,
aber so richtig versteht sie nicht, was die Mutter
da mit ihrem Gesicht anstellt. Irgendwann fragt
sie einfach: »Mama, warum machst du
deine Augen so schmutzig?«

Hanna (5): »Hoffentlich ist bald wieder Sommer. Dann kann ich mal wieder ein Top anziehen.« Ihre Schwester Marie (2): »Ja genau, ein Laptop!«

Jonas (3) und Marlon (5) stehen mit der Mutter vor einem Dessousgeschäft. Jonas zeigt auf einen BH. »So was hat Mama auch.« Marlon: »Weil Mama ja auch dicke, fette Brüste hat.«

Max (9) über die Figur seines Vaters: »Der Papa hat ein Sixpack aus Pudding und Speck.«

Die Mutter steht mit ihrer Tochter (4) in der Schlange vor der Eisdiele. Der junge Mann, der als Nächstes dran ist, ist stark tätowiert. Die Tochter mustert die bemalte Haut eine Weile, stupst den Mann an und zeigt auf ihr Wasserabziehbildchen auf dem Handrücken: »Guck mal, ich hab auch ein Tattoo.« Dann gibt sie ihm noch einen fachmännischen Rat: »Soll ich dir mal einen Trick verraten? Am besten kein Wasser dranlassen. Dann hält es viel länger.«

Die Tochter (7) sieht sich begeistert das
neue Tattoo der Mutter an.
Tochter: »Das ist schön. So eins will ich auch.«
Mutter: »Du kannst dir gern eins stechen lassen.
Aber erst, wenn du achtzehn bist.«
Die Tochter verschwindet. Nach ein paar Minuten
kommt sie zurück. Sie hat ein Tattoo-Motiv gemalt:
eine Blume mit zierlichen Blütenblättern.
Mutter: »Ach, toll! Und wohin möchtest du
dir das stechen lassen?«
Tochter: »Auf die Backe.«

**Die Mutter und die Tante trinken auf dem
Wochenmarkt einen Kaffee. Rieke (2) sieht am
Nebentisch drei Soldaten in Tarnuniform.
Sie dreht sich zur Mutter um und fragt: »Mama,
warum haben die Männer Schlafanzüge an?«**

Auf einer Familienfeier. Lennys Oma trägt
eine tief ausgeschnittene Bluse, und Lenny
mustert intensiv ihren Busen. Dann stellt er fest:
»Oma, dein Arsch guckt raus.«

Sohn (7): »Mama, warum bist du eigentlich so alt? Die anderen Mütter sind viel jünger als du.«
Mutter: »Wessen Mutter ist jünger?«
Sohn: »Die von Henri.«
Mutter: »Die ist zehn Jahre älter als ich.«
Sohn: »Die hat aber nicht so einen Buckel am Kinn.«

Die Mutter hat sich den Arm gebrochen und trägt jetzt einen Gips. Der Sohn (7) soll ihr mit dem BH helfen. Als er den Verschluss eingehakt hat, tritt er ein Stück zurück, sieht sich das Ganze noch mal an und fragt: »Mama, wenn du so schöne Sachen hast, warum ziehst du die dann unten drunter?«

**Johanna (5) sitzt in ihrem neuen Kleid am Abendbrottisch. Plötzlich zeigt die Mutter auf den Ärmel. »Johanna, was ist das denn?«
Johanna: »Ich hab mit der Bastelschere ein neues Design gemacht.«**

Der Sohn (3) kommt aufgeregt ins Badezimmer. Er hat einen pinkfarbenen BH in der Hand, hält ihn sich vor den Körper und ruft: »Mama! Ich hab auch einen Busen! Und der ist so schön!«

Die Mutter steht vor dem Spiegel. Sohn (4): »Mama, du bist echt ein schöner Mann.«

Mutter: »Sag mal, was ist denn mit deiner Hose los? Die hängt ja total. Brauchst du vielleicht mal 'ne neue?«
Tochter: »Meinst du mich oder Papa?«

Wochenende. Der Sohn (4) kommt morgens zu den Eltern ins Bett. Er kuschelt sich an den Vater, sieht sich eine Weile dessen Oberarme an und fragt irgendwann: »Papa, wenn ich mich rasiere, bekomme ich dann auch solche Muskeln wie du?«

Leonie (6) hat etwas angestellt, und jetzt ist ihre Mutter sauer. Sie stehen zusammen in der Küche. Leonie tippt ihrer Mutter an den Arm, sieht sie unschuldig an und sagt: »Mama, du bist schöner als eine Erdbeere.«

Thea (4): »Mia ist meine beste Freundin. Sie hat zwar nur Haare bis hierhin (zeigt auf die Schultern), aber ich mag sie trotzdem.«

**Der Sohn sieht seinem Vater beim Rasieren zu.
Nach einer Weile sagt er: »Papa, nicht in den
Spiegel gucken. Sonst geht der kaputt.«**

Jette (3) und Paul (4) singen: »Spieglein, Spieglein an
der Wand, wer ist die Schönste im ganzen Land?«
Mutter: »Ich bin die Schönste.«
Jette: »Nee, Mama, du bist nicht die Schönste.
Du bist nur schön.«

Der Sohn (2) will wissen, warum der Bauer eine
Badehose anhat. Die Mutter erklärt ihm, dass er
sich schämen würde, wenn alle seinen Penis sähen.
Sohn: »Meinen Penis können alle sehen.
Mein Penis ist glücklich und frei.«

Die Familie sitzt mit den Großeltern beim
Abendessen. Die Enkelin (4) hat für den Opa ein Bild
ihres Vaters gemalt, dessen Kopf auf dem Bild brennt.
Der Opa ist ein bisschen verwundert.
Die Enkelin schmiegt sich an ihren Vater:
»Ja, der Papa ist schon heiß.«

Der Vater spricht über einen Bekannten.
Sohn: »Kenn ich den?
Welche Haarfarbe hat der?«
Vater: »Braun.«
Sohn: »Und hat der einen Zopf,
oder war der beim Friseur?«

Im Garten. Die Tochter (3)
spielt im Planschbecken.
Die Nachbarn kommen vorbei.
Nachbarin: »Na, bist du eine kleine Wasserratte?«
Tochter: »Ich bin keine Wasserratte!
Ich bin einfach nur ein schöner Mensch!«

Die Mutter misst den Bauchumfang ihrer Tochter (3).
»Mein Gott, du bist so dünn. So dünn wär ich auch
gern!« Die Tochter sieht die Mutter an. »Ja, Mama,
aber in deinem Bauch bist du ja auch dünn.«

Tochter (9), nachdem sie eingehend
die Tattoos ihrer Mutter studiert hat:
»Tut so ein Tattoo eigentlich weh?«
Mutter: »Ja, schon ziemlich. Warum?«
Tochter: »Wird man denn dabei
nicht eingeschläfert?«

Im Spielzimmer. Der Vater stößt
sich ständig am Spielzeug.
Silas (5): »Papa, du bist gewachsen.«
Vater: »Nee, ich wachse nicht mehr.«
Silas: »Doch, am Bauch.«

Auf dem Weg zum Kindergarten.
Philip (4) begutachtet die Hände seiner Mutter.
»Mama, ich hab kleine Hände, und du hast große.«
Mutter: »Ja, aber wenn du älter wirst,
bekommst du auch größere Hände.«
Philip überlegt kurz. Dann fragt er: »Mama,
bekomme ich dann auch eine Nase wie Pinocchio?«

Philip (5) sieht einen leichten Haarflaum unter den
Achseln seiner Mutter. Er ist völlig erschrocken.
»Mama, du kriegst da Haare! Wirst du ein Werwolf?«

Sophie (3) leicht verzweifelt: »Jetzt hab ich ganz
strubbelige Haare. Wie ein Junge.«

Delian kommt aufgeregt ins Zimmer.
»Mama, Mama, guck mal, ich bin jetzt eine Frau.
Ich habe einen dicken Bauch.«

**Mutter: »Schau mal, Emily, da vorne fährt
Tobi mit dem Fahrrad.«
Emily: »Ja, und weißt du, woran ich
den erkannt habe?«
Mutter: »Nee?«
Emily: »Der sieht genauso aus wie Tobi.«**

Die Mutter geht mit der Tochter (5)
an einem Friseurgeschäft vorbei.
Tochter: »Ich hätte auch gern pinke Haare.
Aber ich wurde ja leider mit blonden geboren.«

Die Familie spielt »Wer wärst du gerne?«.
Mutter: »Ich bin Elsa aus Eiskönigin.«
Die Tochter (6) guckt skeptisch.
»Dein Bauch ist viel zu dick für das
blaue Glitzerkleid.«

Patenkind mit großen Augen, als es die
rot lackierten Fußnägel der Tante sieht:
»Au weia, hast du dich verletzt?«

Ylvie: »Mami, du sollst mir die Haare schneiden.«
Mutter: »Ich hab dir doch gerade
die Haare geschnitten.«
Ylvie: »Aber ich will einen Pony!«
Mutter (verwundert): »Aber du hast doch einen?«
Ylvie: »Aber ich will noch einen!«

**Tjara (4) sieht ein Foto von sich selbst
mit Zöpfen und ist alles andere als begeistert.
Tjara: »Wo ist denn das andere Foto,
wo meine Haare wellig waren?«
Mutter: »Das hab ich gelöscht.«
Tjara (entsetzt): »Mama, man löscht mich
doch nicht einfach!«**

Kurz bevor die Mutter zur Arbeit muss,
wuschelt der Sohn (4) in ihren frisch
gefönten Haaren herum, zieht ihr Strähnen ins
Gesicht und bringt alles völlig durcheinander.
»Jetzt siehst du cool aus. Wie ein Mann.«

Nach der Dusche im Schlafzimmer.
Die Mutter steht vor dem Spiegel.
Tochter: »Mama, jetzt verstehe ich,
warum das Orangenhaut heißt.«

Lea (13): »Leonardo DiCaprio sieht aus
wie der Schauspieler aus Titanic.«

Ein nebliger Morgen.
Der Sohn (4) sieht
aus dem Fenster.
»Mama, das ist aber
schrumpelig draußen.«

Mutter Natur

Vor einer halben Stunde war der Himmel noch blau.
Jetzt trommelt Regen gegen das Wohnzimmerfenster.
Auf der anderen Gehwegseite flüchtet ein Spaziergänger
vor dem Wolkenbruch. Er hat sich die Jacke über den Kopf
gezogen. Man freut sich, dass man mit dem Wischen fertig ist
und nicht mehr vor die Tür muss. Da fällt einem plötzlich auf,
dass die Haustür offen steht. Und eine Schlammspur führt
ins Kinderzimmer …

Draußen gewittert es. Delian (3) schaut aus
dem Fenster und weint. »Mama, ich bin so traurig.
Mein Schwimmbad wird ganz nass.«

**Mutter: »Katharina, ich hab doch gesagt,
dass du keinen Schnee vom Boden essen sollst!«
Katharina (4): »Aber Mama, der Schnee war
doch nicht gelb.«**

Die Mutter erklärt ihrer Tochter (2),
dass der Räumdienst den Schnee von der Straße
schiebt, damit die Autos nicht rutschen.
Leni: »Ich brauch keinen Räumdienst.
Ich rutsche gern.«
Mutter: »Aber bei den Autos ist das gefährlich.«
Leni: »Die haben ja auch keinen Popo.«

Morgens beim Anziehen.
Mutter: »Zieh dir bitte die Turnschuhe an.«
Sohn (4): »Ich will aber die Sandalen anziehen!«
Mutter: »Nein, es sieht nach Regen aus.
Da werden die Sandalen nass.«
Sohn (grimmig): »Dann werden die Turnschuhe
auch nass.«

Im Sommer. Alex (4) spielt im Garten.
Erschüttert stellt er fest, dass unter
dem Apfelbaum zahlreiche Äpfel liegen.
»Mama, die Äpfel sind alle abgestürzt!«

Der Sohn (3) sieht aus dem Autofenster
und seufzt: »Der arme Mond.« Die Mutter wirft einen
Blick nach hinten und fragt: »Was ist denn mit dem
Mond?« Der Sohn sieht weiter aus dem Fenster.
»Der arme Mond. Der ist so dreckig.«

Der Sohn (3) hört, wie seine Eltern sich über
das Gewitter in der vergangenen Nacht
unterhalten, und kommt aus dem Kinderzimmer.
»Bei mir war auch Gewitter.«

Lukas (4) kommt vom Spielen im nahe
gelegenen Bach nach Hause.
Vater: »Und, sind die Stiefel dicht?«
Lukas schaut hinab auf seine Füße:
»Ja, läuft nix raus.«

**Im Auto auf dem Weg zum Kindergarten.
Mama: »Schau mal, auf der Wiese liegt
noch Schnee!«
Sebastian (6) altklug: »Nein, das ist Raureis.«**

Sophie (3) beim Betrachten eines Buchs,
in dem ein Vampirschloss zu sehen ist:
»Da wohnt der böse Rucola.«

Maximilian (9) fährt mit seiner Mutter
zum Einkaufen. Es ist Frühling, alles blüht.
Maximilian sieht ein paar Bäume und stellt fest:
»Mama, die sehen von Weitem aus wie Brokkoli.«

Beim Spazierengehen.
Am Weg steht ein großer Baum.
Mutter: »Weißt du,
was für ein Baum das ist?«
Tochter: »Nee, ich war doch
noch nicht auf der Baumschule.«

Die Tochter (1) hat eine Vorliebe für Pups-Töne.
Als der Mutter ein Lüftchen entweicht,
sagt sie zur Tochter: »Die Mama hat gepupst.«
Die Tochter applaudiert. »Prima, Mama!«

Frühling im Garten. Nicole (5) entdeckt
im Beet ein Stiefmütterchen. »Ich weiß,
wie das heißt! Das ist ein Großmütterchen.«

Vater: »Charlotte! Warum hörst du
denn nicht, wenn ich dich rufe?«
Charlotte: »Ich muss meine Ohren waschen.«

Der zweijährige Sohn hat ein Bund Möhren
in der Hand. Er zieht ein recht großes Exemplar
heraus, mustert es und stellt dann fest:
»Papa-Möhre.«

Leni (7): »Der Kaktus heißt Kaktus,
weil der piekt – und weil es Leute gibt,
die das kacke finden.«

Ein Wintermorgen. Es hat gefroren.
Die Autoscheiben sind vereist. Die Mutter müht
sich mit dem Eiskratzer ab. Matilda (4) steht daneben,
guckt in die Luft und sagt: »Endlich kommt
der Frühling.«

Die Mutter ist mit der Tochter in der Stadt
unterwegs. Es beginnt zu hageln.
Tochter: »Mama, schau mal, Eisnüsschen!«

In der Küche. Der Mutter entweicht
hörbar ein Lüftchen.
Die Tochter (verträumt): »Ach, Mutter Natur.«

Beim Abendessen. Der Vater sieht
einen Vogel in der Zeitung.
Vater: »Das ist aber ein schöner Vogel.«
Tochter (6): »Das ist ein Kolibri.«
Vater: »Ah, okay. Woher weißt'n du so was?«
Tochter (genervt): »Hallo! Ich lebe vielleicht auch!«

Naemi (3) steht mit ihrer Mutter
am Schlafzimmerfenster. Draußen fliegen Zugvögel
vorbei. Naemi staunt, dann seufzt sie:
»Die Vögel fliegen alle zum Einkaufen.«

**Von den Ästen im Park
tropft Regenwasser.
Mila: »Mama, die Bäume
haben Schnodder.«**

Ella (6):
»Mama, gibt es in der Schule
auch eine fünfte Klasse?«
Mutter: »Ja, es gibt sogar
eine elfte und zwölfte Klasse.
Das hängt von der Schulform ab.«
Ella: »Also, unsere
Schule ist eckig.«

Schlauberger

Um Viertel vor sieben verlassen die Kinder das Haus.
Dann: sechs Stunden Unterricht. Essen in der Schulkantine.
Hausaufgabenbetreuung. Manchmal noch
eine Stunde Sport. Danach trödeln sie nach Hause.
Abends sitzen sie einander gegenüber am Tisch und
schaufeln schweigend Essen in sich hinein. Man fragt,
was sie tagsüber so alles gemacht haben.
Sie schauen einen mit großen Augen an und sagen:
»Nichts.«

Die Oma will von Anna-Lena wissen,
auf welche Schule sie nach
der vierten Klasse gehen wird.
Anna-Lena: »Ach, Oma.
Natürlich zu Real. Einmal hin, alles drin.«

Im fast vollen Zugabteil setzt sich ein
kleiner Junge auf einen freien Platz.
Seine Eltern bleiben im Gang stehen.
Der Junge zu der Frau auf dem Platz neben ihm:
»Ich kann nicht verstehen, warum wir nicht nach
oben gehen. Da sind noch viele freie Plätze.«
Die Frau: »Oben ist die erste Klasse. Wenn man da
sitzen will, muss man mehr bezahlen.«
Der Junge: »Aber ich bin doch in der ersten Klasse.«

Sara erzählt von der Schule:
»Heute hat uns Frau Langen
eine Geschichte vorgelesen.«
Mutter: »Welche denn?«
Sara: »Die vom dicken Voldemort,
Franz von Hahn und Johnny Mauser.«

Der Sohn ist gerade aus der Schule zurück.
Mutter: »Und, was war heute in der Schule?«
Sohn: »Theater-AG.«
Mutter: »War's denn gut?«
Sohn: »Na ja, ich sollte erst einen Butler spielen, aber
da hatte ich nichts zu tun. Da hab ich getauscht.«
Mutter. »Und was spielst du jetzt?«
Sohn: »Einen Baum.«

**Vor der Schule. Der Sohn trödelt
mal wieder rum.
Mutter: »Los, jetzt beeil dich mal!«
Sohn: »Ich will ja schneller machen,
aber mein Körper ist so langsam!«**

Sohn: »Papa, was ist flüssiger als Wasser?«
Vater: »Weiß ich nicht.«
Sohn: »Hausaufgaben.
Die sind überflüssig!«

Der Sohn (7) will von der Mutter wissen,
was ein Hypnotiseur macht.
Mutter: »Bei einer Hypnose versucht jemand,
dich in einen ganz tiefen Schlaf zu versetzen,
und dann kann er mit dir über Sachen reden,
an die du dich nicht mehr so gut erinnern kannst,
die aber versteckt in deinem Kopf schlummern.
Bei Asterix und Obelix zum Beispiel macht
der Hypnotiseur mit seinen Augen so.«
(Mutter macht komische Augenbewegungen.)
Sohn: »Na toll, Mama. Jetzt hast du mich
eingeschläfert.«

Die Familie sitzt im Wohnzimmer zusammen.
Irgendwann kommt die Frage auf,
wie viele Himmelsrichtungen es gibt.
Benedikt (5) ist sich sicher: »Fünf!«
Tante: »Wieso fünf?«
Benedikt: »Norden, Süden, Osten,
Westen und Polen.«

Vier-Augen-Gespräch in der Grundschule. Die Lehrerin
ist sehr besorgt. Sie fragt die Mutter: »Können Sie mir
noch mal sagen, was Sie beruflich machen?«
Mutter: »Ich bin in der Jugendarbeit tätig,
aber gelernte Physiotherapeutin. Wieso?«
Lehrerin (erleichtert): »Wir haben in der Klasse über
die Berufe der Eltern gesprochen. Ihr Sohn war fest
davon überzeugt, dass Ihr Beruf anders heißt …
Er hat behauptet, Sie wären Prostituierte.«

Mit Sophie (4) auf dem Spielplatz.
Vater: »Oh, es fängt an zu regnen.«
Sophie: »Macht nichts, ich bin wasserfest.«

Eileen (6) zu ihrer Mutter: »Du weißt doch,
dass die Erde rund ist und sich langsam dreht.«
Mutter: »Ja, das ist richtig.«
Eileen: »Und weißt du was? Ich hab letztens
sogar gemerkt, in welche Richtung.«

Jana (6) hat eine neue Lehrerin bekommen.
Als sie aus der Schule kommt, will die Mutter
wissen: »Na, wie ist die neue Lehrerin?«
Jana: »Die ist voll nett. Eigentlich schon
fast zu nett.«

**Die Mutter und die Tante unterhalten
sich über die Tochter. Der Cousin (7) hört zu.
Tante: »Das ist ganz normal, dass sie so zickig ist.
Sie ist jetzt in der Pubertät.«
Cousin: »Wieso Pubertät? Ich dachte,
sie ist jetzt in der Realschule?«**

Abendessen nach einem langen Tag.
»Und, wie war's heut in der Schule?«
»Gut.«
»War was Besonderes?«
»Wir hatten Vorlesetag.«
»Wer hat denn vorgelesen?«
»Christoph Strässer,
Mitglied des Bundestags,
dreiundsechzig Jahre alt,
verheiratet, keine Kinder.«

Unterhaltung zum Thema Ägypten.
Es geht um Pyramiden und Pharaonen.
Paul (8): »Ich kenn Tutenchamun.«
Emma (5): »Ich auch.
Der wurde einlaminiert.«

Nach dem Duschen. Philipp (4) kommt
aus dem Bad. »Mama, ich hab mich gemessen.«
Mutter: »Wie denn?«
Philipp: »Ich hab mich auf die Waage gestellt.«
Mutter: »Ach, und wie groß bist du?«
Philipp: »Die Waage hat gesagt: sieben eins.«

Weil der Vater krank ist, hilft die Mutter Max
bei den Hausaufgaben.
Mutter: »Wenn man bei den Hausaufgaben
Traubenzucker isst, kann man sich viel besser
konzentrieren. Dann macht das Gehirn wieder mit.«
Max (wickelt ein Traubenzuckerbonbon aus): »Sind
die auch gut für Papa? Hat der auch Weh am Hirn?«

Sohn: »Papa, gibt es nur die Sächsische Schweiz?«
Vater: »Wie meinst du das?«
Sohn: »Oder gibt es auch die Siebtische
oder die Erstische und so?«

Mit den Kindern im Wartezimmer.
Die Mutter zeigt auf ein Bild in einer Kinderzeitung.
Mutter: »Und wer ist das?«
Tochter (9): »Das ist Malala.«
Tochter (7): »Die hat doch den Preis gewonnen.
Wie heißt der noch mal?«
Sohn (5): »Popel-Preis.«

Papa: »Valentin, du hast da
'ne Fussel am Fuß.
Darf ich die wegmachen?«
Valentin (3): »Nee, nee, nee.
Die ist da, damit
ich's warm hab!«

Sofa-Geschichten

*Wochenende. Mistwetter. Im Fernsehen laufen nur
Wiederholungen. Die Nacht war sehr unruhig.
Aber vielleicht kann man jetzt für ein paar Minuten
die Augen zumachen. Von draußen hört man den Regen.
Es ist still. Dann auf einmal Gepolter im Flur. Die Tür fliegt auf.
Die Kinder stürmen herein. Sie tragen Indianerkostüme.
Sie haben Trillerpfeifen im Mund. Sie fesseln einen
an Armen und Beinen.*

**Abends auf dem Sofa. Die Mutter steht auf,
um sich etwas aus der Küche zu holen.
Lotta (3): »Mama, kannst du bitte deine Hose
hochziehen? Ich kann deinen Hintern sehen.«**

Im Fernsehen laufen die Nachrichten.
Marie (11): »Mama, hast du gehört,
die Kriminalitätsrate in Deutschland steigt.«
Hanna (5): »Was? Wir sind hier in Deutschland?«

Jeremias (2) ist bei den beiden Nachbarinnen
zu Besuch. Die eine passt auf ihn auf,
die andere kommt am frühen Abend von
der Arbeit, wirft sich erschöpft aufs Sofa und
stöhnt: »Mann, bin ich kaputt.«
Jeremias: »Wo denn?«

Diskussion im Wohnzimmer.
Es geht um die Frage, welches Märchen geschaut
wird. Die Tochter (4) ist unentschlossen.
Auf dem Tisch liegt unter anderem
Schneeweißchen und Rosenrot.
Mutter: »Haste dich für eins entschieden?«
Tochter: »Ja, Weißröckchen und Pinkröckchen.«

Der Sohn (3) will noch fernsehen.
Die Mutter hat schon einmal
Nein gesagt. Der Sohn fragt noch mal.
Die Mutter sagt noch mal Nein.
Sohn: »Du bist gemein!
Dann schau ich nie wieder fern!«

Mutter und Sohn sitzen im Wohnzimmer.
Taio (4): »Wenn du wunderschön bist,
darfst du Papa küssen.«
Mutter: »Vorher nicht?«
Taio: »Doch. Du bist ja wunderschön.«

Die Mutter erzählt der Tochter (7),
dass zwei Freunde zu Besuch kommen, zwei Männer.
»Tom und Micha sind ein Paar.«
Tochter (7): »Ach so, dann sind die sozusagen
schwul?«

Im Fernsehen läuft Werbung für Slipeinlagen.
Sohn (6): »Oh, es gibt auch Windeln für Frauen?«

Esila (6): »Mama, bitte geh nicht in mein
Kinderzimmer. Bitte, ich weiß, dass es schlimm
aussieht. Ich mache sogar selbst die Augen zu,
wenn ich reingehe.«

Abends auf dem Sofa.
Sohn (4): »Mama, ich brauche fünfzig Euro.
Ich will mir was kaufen.«
Mutter: »Wo willst du denn so viel Geld
herbekommen?«
Sohn: »Aus Afrika.«
Mutter: »Da gibt es keine Euros.«
Sohn: »Dann geh ich zu Kaufladen oder zu Lidl.«
Mutter: »Da wirst du auch keine
fünfzig Euro bekommen.«
Sohn: »Dann geh ich eben zu einem anderen Lidl.«
Steht auf und geht zum Vater.

Papa liegt nach der Gartenarbeit
erschöpft auf dem Sofa.
Sohn (4): »Papa, bist du so stark
wie Spiderman?«
Papa: »Hmm … vielleicht? Warum?«
Sohn (vorwurfsvoll): »Spiderman
bräuchte jetzt keine Pause!«

Mutter: »Simon, hast du einen Stinker gemacht?«
Simon: »Nee.«
Mutter: »Wenn doch, sag Bescheid.
Sonst brennt das gleich.«
Simon: »Und dann kommt die Feuerwehr.«

Der Sohn starrt schon die ganze Zeit
auf den Babybauch der Mutter.
Dann fragt er: »Mama, warum ist der so dick?«
Mutter: »Weil da ein Baby drin ist.«
Der Sohn sieht verwundert rüber auf den ebenfalls
nicht mehr ganz flachen Bauch des Vaters.
Der Vater reibt sich übers Hemd und erklärt:
»Der ist vom Essen.«
Der Sohn überlegt kurz. Dann fragt er:
»Mama, hast du ein Baby gegessen?«

**Auf dem Sofa. Tochter (5) zur Mutter: »Also, weißt
du was? Du bist meine Maus. Meine ganz süße
Maus. Du bist 'ne Süße. Meine Maus. Wenn ich
groß bin, werd ich dich heiraten.«**

Die Mutter hatte Nachtdienst.
Jetzt sitzt die Familie zusammen beim Frühstück.
Lotta (2): »Mama, iss noch was!«
Mutter: »Nein, ich bin schon satt.«
Lotta: »Gut. Dann geh auf's Sofa, und entspann dich.«

Nach einem langen Tag liegt
die Mutter auf dem Sofa.
Sohn (5): »Mama, das Leben ist richtig schön.
Mit eins war es ein bisschen schön,
mit zwei noch etwas mehr und
mit drei noch mehr.«
Mutter: »Und warum ist es mit fünf
jetzt richtig schön?«
Sohn: »Na ja, so langsam hab ich
mich daran gewöhnt.«

Mutter und Sohn (5) liegen auf dem Sofa.
Mutter: »Mama liebt dich, und du liebst mich.«
Sohn: »So wird's wohl sein.«

Die Babysitterin hat ein Piercing in der Unterlippe.
Das Mädchen (5), auf das sie aufpasst,
will wissen: »Wie macht man das?«
Babysitterin: »Das ist so ähnlich wie ein Ohrring.«
Mädchen (total entsetzt): »Getackert?«

Die Babysitterin (24) sitzt mit Max (4) auf dem Sofa.
Sie spielen. Irgendwann will Max wissen: »Wo sind
denn deine Kinder, wenn du im Kindergarten bist?«
Babysitterin: »Ich habe noch keine Kinder.«
Junge: »Das kann nicht sein. Du siehst aus wie eine
Mama. Dann musst du auch Kinder haben.«

**Vater: »So, dafür bekommst du
heute Abend Fernsehverbot!«
Tochter (9): »Na und? Solange du mir
nicht Lebensverbot gibst, ist mir das egal.«**

Der Vater hat in ein paar Tagen Geburtstag.
Die Mutter sitzt mit Felix (2)
auf dem Sofa und denkt nach.
Mutter: »Sag mal, Spatz,
was schenken wir denn Papa?«
Felix (ohne nachzudenken): »Ein Monster!«

Im Kindergarten.
Jonas und Fabi (beide 3)
auf dem Klo.
Jonas: »Ich hab keine Windel
mehr an. Ich bin jetzt ein Mann.«
Fabi: »Ich bin auch ein Mann.«
Jonas: »Komm,
wir machen Feuer.«

abenteuer Kindergarten

Kurz nach sieben. Der Wecker klingelt. Aufstehen.
Der Sohn zieht sich die Decke über den Kopf und dreht sich
noch mal um. Jalousien hoch. Fenster auf. Dann trottet er ins
Bad und schlüpft in seine Hose. Man schleift ihn zum Kinder-
garten. Er jammert, weil er umkehren will. Es ist ein Kampf,
aber irgendwie eist man sich los. Vier Stunden vergehen wie
im Flug. Gegen Mittag ist man zurück. Die meisten Kinder
sind schon abgeholt worden. Der Sohn sitzt in der Ecke auf
dem Teppich vor einer Kiste mit Bauklötzen und sagt: »Mama,
ich will aber noch nicht nach Hause.«

Unterwegs zum Kindergarten. Auf der Straße
kriecht eine Nacktschnecke.
Ben: »Mama, was ist das?«
Mutter: »Eine Nacktschnecke.«
Ben: »Die soll sich mal was anziehen.«

Im Kindergarten. Jannick (3) malt einen großen Kreis,
zeigt mir das Bild und sagt: »Fertig!«
Mutter: »Oh, was ist das denn?«
Jannick (überzeugt): »Eine Leiter!«

87

Mutter: »Was gab's denn heute
zu essen im Kindergarten?«
Tochter (3): »Nudeln mit Soße.«
Mutter: »Lecker! Und was für eine Soße?«
Tochter: »Nudelsoße.«

Emily (3) war zum ersten Mal im Kleid,
aber ohne Strumpfhose im Kindergarten.
Irgendwie ist ihr die Unterhose abhandenge-
kommen. Als die Mutter sie abholen will, hat sie
sich schon wieder beruhigt. Sie blickt gleichgültig
drein und sagt abgeklärt: »Ist nicht schlimm, die
Prinzessin hat auch ihren Schuh verschlampt.«

**Djamila (5) hat mitbekommen, wie die Mutter
einen Tag vor ihrem Geburtstag sagte:
»Morgen werde ich alt.« Am nächsten Tag sagt
sie zur Erzieherin (etwa 50) im Kindergarten:
»Meine Mama wird heute alt.« Kurze Pause.
»Aber nicht so alt wie du.«**

Mittagessen im Kindergarten. Ein Kind möchte nicht
glauben, dass in den Fischstäbchen kein Schweine-
fleisch ist. Als die Erzieherin nach mehreren Erklä-
rungsversuchen zu verzweifeln droht, ruft ein Junge
vom Nebentisch: »Verstehst du das nicht? Das sind
Fischstäbchen, keine Schweinestäbchen!«

Pauline (3) erzählt vom Essen in der Kita:
»Heute gab's Brokkoli.«
Vater: »Und? Haste den gegessen?«
Pauline: »Ja, weil der gesagt hat: Iss mich.
Dann hast du drei Wünsche frei.
Da hab ich ihn gegessen.«
Vater: »Und? Sind die Wünsche
wahr geworden?«
Pauline: »Oh Mann, Papa, das darf
man doch nicht sagen, das ist
doch ein Geheimnis!«

Der Sohn (3) soll sein Geschirr nach dem Essen
abräumen, genau wie im Kindergarten.
Die Mutter hat extra noch mal darauf hingewiesen.
Als er seinen Becher leer getrunken hat,
fragt sie: »Und, was machst du jetzt?«
Darauf er freudestrahlend: »Einen Rülps.«

Liam (4) schmust im Kindergarten gern
mit seiner Erzieherin. Sie hat sehr ausgeprägte
Rundungen. Als sie eines Tages krank ist, schmiegt
Liam sich an die andere, etwas dünnere Erzieherin.
Nach einer Weile schaut er zu ihr hoch und fragt:
»Hast du eigentlich auch Brüste?«
Erzieherin: »Ja, natürlich.«
Liam: »Kannst du die dann
morgen mitbringen?«

Die Tochter hat im Kindergarten das Wort »erotisch«
aufgeschnappt. Beim Abendessen muss die Mutter
erklären, was das bedeutet. Zwei Tage später will die
Mutter abends ausgehen. Sie steht vor dem Spiegel
und legt grünen Lidschatten auf. Die Tochter liegt auf
dem Bett und sieht ihrer Mutter beim Schminken zu.
Dann sagt sie: »Mama, du bist so ergrünisch!«

**Der wöchentliche Kindertreff endet in ein paar
Minuten, und die ersten Kinder quengeln schon.
Mutter leise zu ihrer Tochter (5):
»Zieh dich schon mal an,
bevor die Stimmung kippt.«
Tochter: »Welche Stimmung?«**

Gemüsepause im Kindergarten.
Es gibt Möhren. Jonathan (3) mag keine Möhren
und versteckt sie schnell in seiner Hosentasche.
Eine fällt raus. Die Erzieherin fragt:
»Warum hast du die denn in der Tasche versteckt?«
Jonathan: »Ich warte, bis sie Babys haben.«
Erzieherin: »Aber die bekommen doch keine Babys.«
Jonathan: »Doch, Mama und Papa haben sich
auch versteckt, unter der Bettdecke, und dann
haben sie Babys bekommen.«

In der Kita. Levin (2) spricht mit der Erzieherin.
Levin: »Hast du einen Bruder?«
Erzieherin: »Ja, der wohnt auch in Leverkusen.«
Levin: »Und was macht der da?«
Erzieherin: »Der joggt ganz viel.«
Levin: »Ist der krank?«

Der Sohn (4) singt das Pitsch-Patsch-Pinguin-Lied.
Oma: »Kannst du das Lied aus dem Kopf?«
Sohn: »Nee, aus dem Kindergarten.«

Im Kindergarten auf dem Klo. Ein Junge sitzt auf
dem Töpfchen. Daneben ein Mädchen.
Als das Mädchen aufsteht, schaut der Junge rüber
und fragt: »Wo ist denn dein Pullermann?«
Das Mädchen (stolz): »Ich hab eine Mumu.«

Mittagessen in der Kita. Levin (2)
zappelt die ganze Zeit.
Erzieherin: »Jetzt bleib doch mal sitzen.«
Levin sieht sich um, zeigt auf die Bauecke
und sagt: »Kann ich nicht lieber da
einen Kopfstand machen?«

Abschiedswunsch des Sohns
am Kindergarten: »Tschüs, Papa!
Und viel Geld verdienen heute, bitte!«

**Im Kindergarten wird ein Theaterstück geprobt.
Es geht um das Thema »Wir fliegen ins All«.
Der Sohn will auf keinen Fall mitmachen.
Er hat sehr nachvollziehbare Gründe:
»Mama, dann bin ich viel zu lange und
zu weit von dir weg.«**

Fritz würde nie zugeben, dass er
die Kita vermisst, aber manchmal streunt er
durch die Wohnung und singt dabei laut:
»Alles, was ich brauch, ist meine Gang.«

**Großeltern-Nachmittag im Kindergarten.
Carina (4) zeigt ihrer Oma stolz die Puppenecke.
Sie erklärt, was wo zu finden ist. Plötzlich
ruft sie: »Guck mal, Oma, die Puppe hat sich
bis zum Rücken eingeschissen!«**

Nach dem Kindergarten.
Die Mutter begrüßt den Sohn.
»So, ich hatte dir ja eine Überraschung
nach dem Kindergarten versprochen.
Und ich halte, was ich verspreche.«
Sohn (trocken): »Manchmal aber auch nicht.«

Morgenkreis im Kindergarten.
Es geht um Berufe.
Erzieherin: »Na, was möchtest du
mal werden?«
Max (3): »Papa!«
Erzieherin: »Wie schön. Warum denn Papa?«
Max: »Papas dürfen immer
ganz nah an den Grill!«

Sohn (3) im Kindergarten flüsternd
zum Vater: »Du, ich hab im Kindergarten
ein Geheimnis. Aber das dürfen
meine Eltern nicht wissen.«

Unterhaltung im Kindergarten.
Erzieherin: »Na, und was macht dein Papa?«
Jari (5): »Weiß ich nicht so genau.
Aber meine Mama ist eine Göttin.«
Erzieherin (zögerlich): »Wie kommst
du denn darauf?«
Jari: »Mama kann durch Wände
und in unsere Köpfe schauen.
Sie sieht sofort, wenn wir Blödsinn machen
und sie anschwindeln.«

Nach dem ersten Elternabend
im Kindergarten: »Xaver, das ist total toll da.
Die haben Kindertoiletten, Kindertische,
und weißt du was? Ich musste sogar auf
so einem Kinderstuhl sitzen.«
Xaver (trocken): »Und? Hast du ihn
kaputt gemacht?«

Der Morgen
des Vatertags. Die Mutter
hat die Tochter gerade geweckt.
Tochter: »Mama, was schenkst
du Papa eigentlich heute?«
Mutter: »Eine liebe Frau.«
Tochter (verwundert):
»Und wo willst du die jetzt
noch herbekommen?«

Halleluja!

Die Messe hat angefangen. Weil alle Sitzplätze belegt sind, stehen hinter der letzten Reihe Männer mit gefalteten Händen. Orgeltöne hallen durch die Kathedrale. Der Sohn hat bereits draußen angekündigt, dass er nicht die ganze Zeit lang stehen bleiben will, aber irgendwo in der Mitte ist zum Glück noch etwas Platz. Man schiebt sich also an den singenden Leuten vorbei, entschuldigt sich, setzt sich, und als man gerade selbst angefangen hat mitzusingen, zupft der Sohn einen am Arm und flüstert: »Papa, ich muss aufs Klo.«

**In den Wochen vor Weihnachten.
Felix: »Ich möchte Weihnachtsmann werden!«
Mama: »Warum?«
Felix: »Dann hab ich einen großen Sack
und kann Geschenke machen!«**

Mutter und Tochter (2) basteln Valentinstagskarten für die Familie. Als alle Karten fertig sind, macht die Tochter noch ein paar weitere.
Mutter: »Für wen sind denn die Karten noch?«
Tochter: »Für die Leute. Zum Mitnehmen.«

Vatertag. Mit einem Päckchen in der Hand
tritt der Sohn stolz auf seinen Papa zu.
»Schau mal, ich hab dir was zum Muttertag
gebastelt.«

**Der Vater hat Geburtstag. Mutter und Tochter (4)
packen seine Geschenke ein. Mittendrin
sagt die Tochter: »Mama, du packst immer so viele
Geschenke ein, du bist wie der Weihnachtsmann.«**

Aschermittwoch nach dem Schulgottesdienst.
Basti: »Mama, die haben mir ein riesiges Kreuz
aus Asche auf die Stirn gemalt!«
Ich: »Ja, ich weiß.«
Basti: »Zum Glück stand am Eingang ein Becken
mit Wasser.«

Ostern. Die Eier sind bereits im Garten versteckt.
Die Kinder stehen in den Startlöchern,
aber die Erwachsenen unterhalten sich immer
noch. Die Tochter hört nur halb zu. Irgendwann
fällt das Wort »Halleluja«.
Tochter (resolut): »Nein, Julia sammelt
keine Eier.«

Im Dezember beim Abendessen.
Man spricht über die Weihnachtsgeschichte.
Sohn (7): »Mama, hat Jesus gelebt,
als du noch klein warst?«

Mutter: »Hör auf, so ungezogen zu sein.
Du weißt, der Weihnachtsmann sieht alles mit
seinem Fernrohr.«
Tochter (4): »Das glaub ich nun wirklich nicht.«
Mutter: »Wieso?«
Tochter: »Die Jalousie ist unten.«

**Emma (6): »Das Einzige, was ich von Jesus
nicht glaube, ist, dass er übers Wasser
gelaufen ist. Das geht ja gar nicht …«
(Kurze Pause.) »Oder die meinten Schlittschuh.«**

Zu Besuch bei Freunden. Am Abend ist über
dem Haus ein Flugzeug zu hören. Die Tochter tippt
ihre Mutter ganz ehrfürchtig von hinten an.
Dann zeigt sie nach oben.
Mutter: »Was ist denn los?«
Tochter: »Mama, da oben fliegt ein Engel.«

Noah (8): »Mama, Zombies sind
doch ganz normale Menschen, die gestorben
und dann wieder auferstanden sind …«
Mutter: »Ähm, sozusagen. Ja.«
Noah: »Dann müsste Jesus also auch
ein Zombie sein.«

Vor dem Adventskalender.
»Mama, in der Fünf sind Schokobonbons.
Das weiß ich aber nicht, weil ich da
schon reingeguckt habe.«

Mit Tyler (3) und Jayden (4) im Auto.
Jayden: »Mama, gehen wir auch zu
dem Zug mit der Laterne?«
Mutter: »Ja, da gehen wir hin.
Wisst ihr beiden denn auch noch, wie der heißt?«
Jayden: »Der Sankt Martin.«
Tyler: »Das ist doch der mit dem großen Schwert.«
Mutter: »Ja, der hatte ein Schwert.
Und wisst ihr auch noch, was der gemacht hat?«
Jayden: »Der hat sein Ding abgeschnitten.«
Tyler: »Ja, genau.«
Jayden: »Und dann ist er ein Jesus geworden.«

In der Kirche. Louis (3) fragt schon
zum dritten Mal, wann Jesus denn
endlich kommt. Die Mutter vertröstet ihn weiter.
Irgendwann fragt er: »Mama, hat Jesus ein Handy?
Dann könnten wir ihn anrufen.«

Kommunion in der Kirche. Die Mutter steht
mit Malick in der Schlange. Der Pfarrer hebt die
Hostie und sagt: »Der Leib Christi.«
Malick ruft laut: »Aber Mama, du kannst doch
nicht den armen Jesus essen!«

Nach der Kommunion. Es ist still in der Kirche.
Damian (5) stöhnt auf: »Mama, wann sagt
der endlich: Gehet hin in Frieden? Ich will weiter
Lego spielen.«

**Bei der Taufe. Die Zeremonie beginnt.
Max (3) sitzt mit seinen Eltern am Fenster.
Auf einmal flüstert er: »Da ist ein Spielplatz.«
Vater: »Da können wir jetzt nicht hin.
Das Baby wird doch getauft.«
Max (in die Stille hinein):
»Verdammt noch mal!«**

Linnea (6):
»Mama? Kann ich
in der Fastenzeit statt
auf Süßes auf die
Schule verzichten?«

Der Pfarrer ist ein Freund der Familie. Er hat die Eltern zum Essen eingeladen. Die Tochter (12) möchte wissen, wann die Eltern wieder zurück sind, aber die Telefonnummer, die sie hinterlegt haben, ist verschmiert. Also ruft sie die Auskunft an. Den Nachnamen des Pfarrers kennt sie ja, und sie weiß auch, dass er bei der Kirche arbeitet. Der Mitarbeiter in der Auskunft fragt nach: »Ist er denn evangelisch oder katholisch?« Die Tochter überlegt kurz und ruft dann dem älteren Bruder (13) zu: »Ist der evangelisch oder katholisch?« Der Bruder ruft zurück: »Nee, ich glaub, der ist gläubig.«

Jana (6) zieht sich die gelbe Jacke über den Kopf, schaut wieder raus und sagt: »Mama?«
Mutter: »Ja.«
Jana: »Im nächsten Karneval geh ich als Maiskolben.«

Im Kommunions-Gottesdienst.
Mutter: »Schau mal, Lukas, ein Messdiener.«
Lukas (3): »Oh, Mama, ein Engel!«

Vorbereitung auf den Religionstest in der Schule. Die Mutter stellt dem Sohn Fragen zur Weihnachtsgeschichte. »Wohin haben Maria und Josef das Jesuskind gelegt?« Der Sohn überlegt kurz, ist sich dann aber sicher: »In den Futternapf.«

Louisas (5) Onkel hat geheiratet. Bei der Feier in Sachsen stellen sich die neuen Familienmitglieder einander vor – wie dort üblich, zuerst mit dem Nachnamen: »Hallo, ich bin der Bruder, Thomas.« Louisa stutzt. »Ja, hallo. Und ich bin die Schwester Louisa.«

Ostersonntag. Die Eiersuche beginnt.
Elias (2): »Und wenn der Osterhase
beim Karneval ist?«

Die Tante heiratet kirchlich.
Nach dem Gottesdienst fragt der kleine Bruder (5)
seine ältere Schwester: »Der Mann im
schwarzen Bademantel – war das Gott?«

Ein paar Tage vor Weihnachten
im Spielzeuggeschäft.
Vater: »Und, Emil, was soll der Weihnachtsmann
dir schenken? Piratenschiff oder Ritterburg?«
Emil: »Das Piratenschiff zu Weihnachten,
die Ritterburg zum Geburtstag. Aber die kann
der Weihnachtsmann ja trotzdem schon mal
mitbringen.«

Die Familie hört Weihnachtslieder. Es läuft »All I Want for Christmas Is You«. Der Sohn will wissen, worum es in dem Lied geht. Die Mutter übersetzt: »Ich wünsche mir nur dich zu Weihnachten, weil ich dich so liebe.«
Sohn (ernst): »Und ich wünsche mir einen Colour Shifters Shark von Hot Wheels.«

Sohn (4) zur Mutter: »Ich weiß, was Papa dir zu Weihnachten schenkt, aber ich verrate es nicht. Es ist nämlich ein Geheimnis. Aber wir waren in einem Geschäft, die hatten ganz viele Nähmaschinen.«

Leichte Verwirrung über die Abfolge der Weihnachtstage. Tochter (6) am 25. Dezember so gegen Mittag: »Stimmt's Mama, jetzt ist der Heilige Morgen?«

»Milo, als was willst du dich bei der Halloween-Party denn verkleiden?«
Milo: »Als Nikolaus.«

Einen Tag nach dem Erntedankgottesdienst. Sophia (3) fährt mit ihrer Mutter im Auto an der Kirche vorbei. Sophia: »Mama, in dem Haus da waren wir gestern Gemüse beten.«

In der Kirche. Nachdem die Mutter ihren zweijährigen Sohn schon ein paarmal mit erhobenem Zeigefinger aufgefordert hat, leiser zu sein, spielt der Organist nun wieder ein Lied. Vorne am Altar beginnt eine ältere Frau, inbrünstig mitzusingen. Der Sohn steht auf, läuft zum Mikrofon und sagt ebenfalls laut mit erhobenem Zeigefinger, wie er es zuvor von seiner Mutter gelernt hat: »Du, du, du!«

Einige Monate vor Weihnachten.
Gespräch über die Geschenke.
Mutter: »Was wünscht ihr euch denn?«
Joleen (6): »Also, ich wünsch mir ein Tablet,
eine Kamera und eine PlayStation.«
Laura (5): »Ich wünsch mir das Gleiche,
aber bitte alles in Pink.«
Mutter: »Puh, das sind aber teure Wünsche.
Dann haben wir ja gar kein Geld mehr,
um was zu essen zu kaufen.«
Laura: »Ist doch egal.
Dann essen wir halt bei Oma.«

**Mama: »Janek, hör auf, so ungezogen
zu sein! Der Weihnachtsmann bringt keine
Geschenke zu ungezogenen Kindern!«
Janek (4): »Na, das werden wir ja sehen.«**

Weil der Sohn zu schüchtern war, um »Süßes oder Saures« zu rufen, ist die Halloween-Tour relativ erfolglos geblieben. Als er zurück ist, klingelt es an der Tür – Kinder aus der Nachbarschaft. Sie rufen: »Süßes oder Saures!« Der Sohn wirft Süßigkeiten auf die Straße, knallt die Tür wieder zu und stellt verwundert fest: »Die anderen Kinder sind gar nicht so geschüchtert wie ich.«

Der Vater fragt Jan (10), was eigentlich »Feliz Navidad« heißt.
Jan: »Navi Dad – das ist ein Vater mit Navigation.«

Liam (10): »Dieses Jahr wünsch ich mir zu Weihnachten Geld, weil ich ja sonst keine anderen Wünsche mehr hab.«

»Mama, sieht der liebe Gott eigentlich alles?«
»Ja, mein Kind. Der liebe Gott sieht eigentlich, äh, alles.«
»Warum?«
»Tja, ähm, äh, weil …«
»Mama, kann der liebe Gott auch alles?«
»Ja, Spatz. Wenn er will, kann er alles.«
»Auch eine Rolle rückwärts?«

Der Sohn (4) möchte
sich ein Spielzeug kaufen.
Dazu braucht er Geld.
Der Vater soll es ihm leihen.
Der Sohn hat auch schon
eine Idee: »Wir machen das so:
Du leihst mir das Geld aus.
Ganz lange, so lange
wie Schenken.«

MONETEN UND
Maloche

*Das Sparschwein ist so voll, dass die Münzen herausfallen,
wenn man es umdreht. Aber vielleicht passt noch
ein bisschen mehr hinein, wenn man den Inhalt abzählt
und wechselt. Man öffnet also die Klappe und kippt das Geld
auf den Teppich. Es türmt sich zu einem roten Berg. Man
zählt. 10 Euro, 20 Euro, 30 … Am Ende sind es 31,15 Euro.
»Da machen wir 35 Euro draus«, sagt man. Die Tochter ist
glücklich, aber als man das Geld dann in eine Tupperdose
füllt und zwei Scheine und drei Münzen aus dem Portemon-
naie zieht, weint sie. Was denn los sei, will man wissen.
Sie schluchzt: »Das ist ja viel weniger!«*

**Mutter: »Mäuschen, was willst du
denn mal werden, wenn du groß bist?«
Tochter: »Chef.«**

Der Vater erzählt beim Abendessen,
dass er sich bei der Arbeit geärgert hat.
Sohn (3): »Haben sie dir alles weggenommen?«

Die Mutter steht im Badezimmer
und schneidet sich die Haarspitzen.
Die Tochter kommt zur Tür herein.
»Mama, was machst du da?«
Mutter: »Ich schneide mir die Haare.«
Tochter: »Warum gehst du
nicht zur Fritteuse?«

Nebenan wird ein Haus gebaut.
Der Sohn (2) darf morgens das Fenster aufmachen
und den Bauarbeitern Guten Morgen sagen.
Einmal sind morgens keine Bauarbeiter da.
Mutter: »Oh, keine Bauarbeiter da.
Die sind heute wohl faul.«
Am nächsten Morgen arbeiten sie wieder.
Die Mutter öffnet das Fenster.
Sohn: »Hallo, faule Bauarbeiter!«

Die Mutter schaut mit Max
eine Wissenschaftssendung.
Es geht um Lotteriegewinner.
Die Mutter lacht.
Max: »Warum lachst du?«
Mutter: »Der Mann will seinen Gewinn
in bar ausgezahlt haben,
aber das ist nicht möglich.«
Max: »Stimmt, da müssen doch
auch Münzen dabei sein.«

Der Vater verabschiedet sich vor einer zweitägigen
Geschäftsreise von seiner Tochter (3). An der Tür sagt
er: »Bis übermorgen!« Am zweiten Tag ruft er an,
weil er es doch nicht pünktlich schafft. Die Tochter ist
dran. Als sie aufgelegt hat, sagt sie ganz aufgeregt
zur Mutter: »Papa kommt schon morgen wieder.
Nicht erst übermorgen.«

Auf dem Bürgersteig
steht ein Polizeimotorrad.
Jaden (2) zeigt auf das Motorrad:
»Da Olileimorat.«

Spaziergang im Park.
Ein Mann mäht den Rasen.
Er ist komplett schwarz gekleidet.
Florian (7) zeigt auf den Mann und stellt fest:
»Guck mal, Mama, ein Schwarzarbeiter.«

Die Mutter spricht mit dem Sohn
über das Thema Geld: »Wenn man
ordentlich arbeitet, bekommt man
am Ende des Monats Lohn.«
Wochen später am Geldautomaten.
Das Gerät ist defekt. Es kommt nichts raus.
Sohn: »Hast du nicht ordentlich
gearbeitet, Mama?«

Die Tante ist zu Besuch. Wie immer bei solchen
Gelegenheiten sprechen die Erwachsenen
über die Talente der Kinder. Irgendwann fragt die
Tante: »Was willst du denn später mal werden?«
Tochter: »Gebärmutter.«

**Der Vater ist von Beruf Metzger.
Er hat sich bei der Arbeit wieder einmal in den
Finger geschnitten. Über die Wunde hat er
ein Pflaster geklebt. Eine Woche später hat der
Sohn sich ganz leicht am Finger gekratzt.
Sohn zum Vater: »Papa, der Spruch ›Wie der Vater,
so der Sohn‹, der stimmt halt schon.«**

Die Mutter erklärt dem Sohn (5) Berufe.
Beim Bäcker ist das nicht so schwer. Elektriker
versteht der Sohn auch sofort. Dann fragt die
Mutter: »Und was macht der Schuhmacher?«
Tochter (wie aus der Pistole geschossen):
»Rennautos fahren!«

In der Kita wird gestreikt. Die Mutter spricht
mit einer Freundin am Telefon darüber.
Irgendwann sagt Max: »Meine Oma streikt
auch immer.«
Mutter: »Wieso streikt die?«
Max: »Die streikt Pullis und Hosen.«

Jonas (3): »Heute bin ich der gute Ritter.
Da helf ich allen Leuten. Morgen bin ich der böse
Drache. Da kann ich alle feuern.«

Vater und Sohn (3) spielen mit
einem Polizeiauto und einem Notarztwagen.
Vater: »Weißt du, der Papa ist auch ein Arzt.«
Sohn: »Quatsch, Papa, du bist doch kein Auto!«

Cousin (2) und Cousine (3) sprechen über ihre Väter.
Cousine: »Mein Papa raucht schon wieder.
Das ist ganz ungesund und stinkt.«
Cousin: »Mein Papa raucht nicht. Mein Papa arbeitet.«

Jemand verkauft an der Haustür Lose. Delian (2)
weiß schon, wie das Spiel läuft. Er steht an der Tür
und sagt: »Nein, Papa hat keinen Euro.«

**Die Mutter sitzt mit dem Sohn in der Küche.
Der Vater ist arbeiten. Die Mutter fragt:
»Was macht Papa auf der Arbeit?«
Sohn: »Heia.«**

Nach einer längeren nachmittäglichen Unterhaltung
über Geld geht die Familie abends auswärts essen.
Als der Kellner am Ende die Rechnung bringt und die
Mutter ihm eine EC-Karte reicht, sieht Noah (8)
die Mutter fragend an. »Hä, Mama? Hast du nicht
vorhin gesagt, dein Konto ist leer?«

**Mutter: »Willst du eigentlich
mit achtzehn ausziehen?«
Sohn (9): »Nee, glaub nicht.
Miete zahlen ist nicht so mein Ding.«**

Es klingelt. Der Sohn (5) öffnet.
Vor der Tür steht eine Arbeitskollegin der Mutter.
Sohn: »Was machst du denn hier?
Mama hat gesagt, dass sie dich nicht mag
und in ein anderes Büro will.«

Max (7) massiert seiner Mutter den Rücken.
»Oooh, das machst du gut. Du könntest
mal Masseur werden.«
Max: »Dann schreib ich ein Schild,
wo draufsteht: Nur junge Frauen.
Aber du darfst auch kommen, Mama.«

Unterhaltung mit der Nichte (4)
über die Arbeit ihrer Eltern. Vater arbeitet Vollzeit,
Mutter Teilzeit. Ein Erklärungsversuch:
»Die Mama hat schon genug Geld, die muss nicht
mehr so viel arbeiten. Der Papa ist aber noch arm.«

Die Familie ist zum Essen in einem Restaurant.
Sohn: »Ich weiß, was ich später werden will.
Ich mach Schwarzarbeit.«
Vater: »Wieso denn das?«
Sohn: »Ich werde Geheimagent.
Die ziehen sich immer schwarz an, damit sie
nachts beim Spionieren nicht erwischt werden.«
Mutter (lachend): »Dann musst du aber
aufpassen, dass du nicht lachst. Dann verraten
dich deine weißen Zähne.«
Sohn (ernst): »Mama, Geheimagenten haben
nichts zu lachen.«

Jannis (3) zeigt seiner Oma,
wie gut er Fahrrad fahren kann.
Oma: »Toll, dann kannst du ja für mich
zur Arbeit fahren.«
Jannis: »Oma, ich tu ja viel für dich,
aber zu der Zeit gibt's Abendbrot.«

»Mama, warum überfallen Piraten Schiffe?«
»Damit sie nicht arbeiten müssen.«
»Aber das ist doch Arbeit: Die müssen sich
schminken, kämpfen und das ganze Gold
nach Hause tragen!«

Yara (3) muss zu Hause bleiben,
weil in der Kita gestreikt wird.
Mutter: »Schaukel nicht so doll
gegen die Lego-Kiste.«
Yara: »Wieso?«
Mutter: »Die geht sonst kaputt.«
Yara: »Dann musst du eine neue kaufen.«
Mutter: »Dafür hab ich im Moment kein Geld.«
Yara: »Dann musst du auch streiken.
Dann bekommst du mehr Geld.«

Die Eltern bringen Kevin (4) mit dem Fahrrad zum Kindergarten. Der Weg führt über den Bürgersteig einer Allee. In einer Kurve gerät Kevin auf den Grünstreifen und fährt fast gegen einen Baum. Er steigt sofort ab und stellt entrüstet fest: »Der war gestern noch nicht da.«

UNTErWEgS

Die Saftflasche steckt in der Seitentasche. Schnuller?
Hat er im Mund. Was fehlt sonst noch? Apfelstückchen,
klein geschnitten. Der Regenschutz für den Buggy. Vielleicht
ein paar Tücher. Die Jacke natürlich. Und die Mütze.
Das dürfte alles sein. Dann kann's ja losgehen. Schuhe
anziehen. Tür abschließen. Die Treppe runter. Das Kind
im Buggy festschnallen. Moment. Irgendwas riecht hier
komisch. Treppe rauf. Schuhe ausziehen. Tür aufschließen.
Windeln wechseln.

In der Innenstadt. Tochter an der Hand.
Ein Krankenwagen mit Martinshorn fährt vorbei.
Die Tochter singt: »Zu spääät. Schon toooot.
Zu spääät. Schon toooot …«

Spaziergang im Wald. Die Mutter kommt
mit Timo (4) an einer Wiese vorbei.
Auf der Wiese blöken Schafe.
Timo: »Schau mal, Ziegen!«
Mutter: »Das sind Schafe.«
Timo: »Nein. Ziegen. Die sprechen
eine Fremdsprache.«

Auf dem Fahrrad. Die Müllabfuhr holt
in der Straße gerade die Biotonnen ab. Nele
(von hinten aus dem Kindersitz):
»Boah! Hier stinkt's! Meine Augen
werden ganz taub!«

Im Regen auf der Autobahn.
Sophie (4): »Mama, warum haben es
die Scheibenwischer so eilig?«

**Im Schwimmbad.
Sohn: »Papa, gibt's hier eigentlich
'ne Toilette?«
Vater: »Ja, sag Bescheid,
wenn du musst.«
Zwei Minuten später.
Sohn: »Papa, ich muss.«
Vater: »Los, dann schnell.«
Sohn: »Zu spät.«**

Wie man lernt, was Scham ist …
Durch die Fußgängerzone spaziert eine Familie
mit einem behinderten Kind. Es ist eingeschlafen.
Der Sohn fragt (laut): »Papa, wozu braucht
ein totes Kind einen Rollstuhl?«

Der Sohn (2) fährt öfter alleine mit dem Vater
im Auto, und wenn der Vater sich über etwas
aufregen kann, dann über Langsamfahrer.
Eines Tages fährt die Mutter mit dem Sohn durchs
Dorf. Überall Baustellen. Die beiden stehen im Stau.
Der Sohn ruft: »Oh Leute, ey! Fahrt weiter,
ihr Affenjungen!«

Tashina: »Papa, ich möchte heute
mit dir einkaufen gehen.«
Vater: »Ich kann dich heute aber nicht mitnehmen.«
Tochter: »Gut, dann geh ich heute
mit Mama einkaufen.«

Beim Entenfüttern im Park.
Der Sohn spielt an sich rum.
Vater: »Musst du pullern, Junior?«
Sohn: »Nee, ich halt mir nur den Schnabel zu!«

Beim Spaziergang. Silas und seine Mutter
laufen an einer Weide vorbei.
Überall im Gras steht Löwenzahn.
Silas (5): »Guckt euch das mal an.
Wie viele Löwen sind denn da?«

Im Auto auf der Landstraße.
Draußen ziehen die Felder vorbei.
Dann kommt ein komplett gelbes.
Tjara (4) zeigt auf die Pflanzen
und ruft: »Papa, guck mal!
Ein Schnapsfeld!«

Die Mutter fährt mit dem Sohn (4)
auf dem Fahrrad an einer Pferdekoppel vorbei.
Sohn (4): »Puh, Mama, hier stinkt's
nach Pferdehof.«
Mutter: »Das ist nur eine Wolke.
Das ist gleich wieder vorbei.«
Sohn (ungläubig): »Mama, seit wann können
Wolken pupsen?«

An der Tankstelle. Nach dem Bezahlen
wünscht die Frau hinter der Kasse der Mutter einen
schönen Tag und dem Sohn viel Spaß im Kindergarten. Die Mutter sagt Danke. Der Sohn schweigt.
Mutter zum Sohn: »Man sagt Danke.«
Sohn: »Wieso soll ich Danke sagen?
Ich hab doch nichts bekommen.«

Noah (8) und seine Mutter sind spät dran.
Das Ballett hat schon angefangen.
Die Mutter ist motzig. Noah meckert zurück:
»Mama, du solltest echt mehr schlafen.
Dann wärst du auch besser gelaunt.«

In der Eisdiele.
Alina (5): »Papa, was ist los?«
Vater: »Ich hab Kopfschmerzen.«
Alina: »Oh, dann ist es nicht gut, was Kaltes
zu essen. Dann friert dein Gedächtnis ein.«

Die Mutter erklärt ihrem Sohn (4)
auf der Autobahn die Kennzeichen.
Mutter: »Schau mal, da steht ›B‹,
wie bei uns. Die kommen auch aus Berlin.«
Sohn: »Und was heißt ›K‹?«
Mutter: »Die kommen aus Köln.«
Sohn: »Und was für eine Rederei machen die da?
Deutsch, Englisch oder Olinesisch?«

Mutter und Tochter (5) fahren in der U-Bahn.
Gegenüber auf der Bank sitzt ein junger Mann mit
langen Haaren und einem Heavy-Metal-T-Shirt.
Die Tochter starrt zu ihm hinüber. Nach einer Weile
beugt sie sich zu ihrer Mutter und sagt: »Mama, guck
mal, der Mann hat ganz lange Haare.«
Die Mutter (peinlich berührt): »Ja, mein Schatz.«
Die Tochter überlegt. »Ich glaube, der will auch
ein Mädchen sein.«

Beim Spazierengehen. Maik (3):
»Mama, du musst mich tragen.«
Mutter: »Warum?«
Maik zeigt auf seine Füße:
»Meine Beine sind zu Ende.«

Vater und Sohn (3) beim Friseur.
Der Sohn macht einen gewaltigen Aufstand.
Der Vater ist nass geschwitzt und mit
den Nerven bald am Ende. Auf dem Weg nach Hause
nimmt der Sohn die Hand des Vaters und sagt
fröhlich: »Papa, hat mir gut gefallen beim Friseur.
Da gehen wir noch mal hin.«

Vater und Tochter (3) sind zusammen
in der Stadt unterwegs. An der Straße
sehen sie eine weiß-schwarze Dogge.
Der Hund ist groß. Sehr groß.
Die Tochter (entzückt): »Papi, schau mal,
ein Pferd!«

Maya (2) ist im Auto eingeschlafen.
Auf dem Parkplatz hebt die Mutter sie
aus dem Wagen. Die Sonne blendet.
Maya ruft: »Licht aus!«

Ein Tag nachdem die Mutter
auf dem Radweg einer Frau geholfen hat,
die mit ihrem Fahrrad gestürzt war.
Sohn (5): »Mama, lass uns noch mal den gleichen
Weg wie gestern fahren. Vielleicht liegt
da wieder eine Frau.«

Unterwegs mit dem Kinderwagen.
Vater: »So, jetzt fahren wir nach Hause.«
Tochter (3): »Ich will aber nicht nach Hause.«
Vater: »Wir fahren aber jetzt trotzdem.«
Tochter: »Ich will nicht.«
Papa: »Wer ist hier der Boss?«
Tochter: »Mama.«

Finjas Vater arbeitet im Außendienst.
Er hat sie mitgenommen. Zusammen besuchen sie
eine ältere Dame. Die Frau bietet Finja einen Apfel
an. Der Vater fragt: »Und was sagt man da?«
Finja hält der Frau den Apfel wieder hin.
»Bitte schälen!«

Auf dem Weg zur Kita.
Die Tochter humpelt.
Mutter: »Hast du was
in deinen Schuhen?«
Tochter: »Ja, Füße.«

Autofahrt mit den beiden Söhnen.
Auf einmal sagt der eine (4)
eher desinteressiert: »Da ist
'ne nackte Frau am Fenster.«
Der andere (3) fummelt sich den Nuckel
aus dem Mund und ruft euphorisch:
»Die hab ich lieb!«

In der Innenstadt. Missi (13) steht
mit ihrer Mutter an der Ampel.
Ein Polizeibus fährt vorbei.
Missi singt leise: »Grün-weißer Partybus.
Schalalalala!«

Julian (4): »Papa, fahr mal links.
Ich kenn da eine Abschnellerung.«

Neulich im Auto. Ein anderer Wagen kommt
auf derselben Fahrbahn entgegen. Hupen.
Die Tochter (8) will wissen, was denn da los ist.
Die Mutter erklärt es ihr. Die Tochter (verständig):
»Ach so, ein Gangsterfahrer.«

In der Stadtbücherei. Nach einer langen Diskussion
darüber, was passiert, wenn man ausgeliehene
Bücher nicht zurückbringt: »Mama, bekommt
man auch Ärger, wenn man die Bücher, die man
ausgeliehen hat, nicht liest?«

Morgens um 5 Uhr irgendwo im Ruhrgebiet.
Das Navigationsgerät teilt mit: »Auf die A46 wech-
seln. Links halten. Dann auf die A46 wechseln.«
Doch das ist wegen einer Baustelle nicht
möglich. Die Mutter denkt laut über eine Alternative
nach. Finn (11) von hinten auf dem Kindersitz:
»Mensch, Mutti, hör, wat dat Dingen sagt.
Sonst kommen wir nie an.«

Diskussion mit dem Sohn über die Frage, ob man vom Schwimmtraining mit dem Auto abgeholt werden muss oder auch mal mit dem Bus fahren kann. Irgendwann am Ende: »In acht Jahren hast du ja selbst 'nen Führerschein. Dann holst du mich hoffentlich auch mal mit dem Auto ab.«
Sohn: »Wenn es dann überhaupt noch Autos gibt.«

Der Sohn (6) zeigt
einem Freund die Schlangen
im Terrarium. Er erklärt,
wie sie heißen, was sie fressen,
und dann sagt er:
»Und weißt du,
was das Coolste ist?
Die sind nacktaktiv.«

Hund, Katze, Maus

Wochenlange Diskussionen. Die Kinder wollen einen Wellensittich. Also eigentlich zwei, denn einer alleine wird traurig, sagen sie. Um Vögel muss man sich kümmern. »Aber Papa, das wissen wir«, sagen sie. Zwei Wochen später. Der Käfig mit den Wellensittichen steht im Kinderzimmer. Ein grüner und ein blauer Vogel. Susi und Tom. Nachts bedecken die Kinder den Käfig mit einem Tuch. Morgens um fünf beginnen die Vögel zu zwitschern. »Wie soll man denn dabei schlafen?«, fragen die Kinder. Die Vögel müssen umziehen. Jetzt stehen sie im Arbeitszimmer.

Spaziergang. Die Tochter (2) sieht einen Mops.
Tochter (2): »Da! Ein Schwein!«
Mutter: »Nein, das ist ein Hund.«
Tochter: »Schweinehund!«

**Maya (3) plappert beim Frühstück alles nach.
Vater: »Bist du ein Papagei oder was?«
Maya: »Hab ich Flügel oder was?«**

Felix (1) jammert mal wieder wegen
einer Kleinigkeit. Die Mutter (schon leicht genervt):
»Meine Güte, Felix, bist du Mann oder Maus?«
Felix (grinsend): »Maus.«

Thema im Kindergarten: Tierfamilien.
Die Kinder sollen die Namen für Vater, Mutter und
Kinder der Tierart nennen. Eber, Sau und Ferkel
sind einfach, auch bei Schafen und Kühen sind sich
alle einig. Bei den Hunden ist es etwas schwerer.
Hündin und Welpe sind bekannt, doch dann
beginnt das große Raten. Plötzlich ruft Tom (4) laut,
aufgeregt und vollkommen überzeugt:
»Ich weiß es: Köter!«

Im Tierpark. Simon (3) schaut den Wildschweinen
beim Wühlen im Matsch zu. Nach ein paar Minuten
tippt er den Vater an und fragt: »Warum nehmen
die keine Schippe?«

**Vater: »Kannst du bitte deinen Käse aufessen?
Sonst muss ich die Mäuse anrufen,
und die essen den dann auf.«
Sohn (lachend): »Die haben doch gar
kein Telefon.«**

Sommer. Die Tante hat einen Kuchen mitgebracht,
einen »Kalten Hund«. Der Kuchen schmilzt
im Auto vor sich hin. Tante: »Der Kalte Hund
muss noch kurz ins Gefrierfach.«
Lukas (8): »Dann ist es aber ein gefrorener Hund.«

Beim Abendessen. Mutter zu Charlotte (3):
»Du bist meine Maus.«
Der Vater fragt mit gespieltem Entsetzen:
»Und was bin ich dann?«
Charlotte: »Ein Wildschwein.«

**Ein Buch über das Alte Ägypten.
Die Mutter erklärt: »Das ist die Totenmaske
von Tutenchamun.«
Jonathan (4): »Oh, totes Entchen im Mond.«**

Sohn (4) zur Mutter: »Mama, was ist eigentlich
in deinem Busen drin?«
Mutter: »Da war früher mal Milch drin.«
Sohn: »Warst du mal eine Kuh?«

Der Sohn (2) sitzt
auf dem Töpfchen, zieht
an seinem besten Stück
und fragt: »Mama, was ist das?«
Mutter: »Na, das ist doch
dein Pieschermann.«
Sohn: »Sieht aber aus
wie ein Regenwurm.«

Liam (4) sitzt vor dem Aquarium
und beobachtet die Fische und Garnelen.
»Mama, ich glaub, die Garnele muss ins Bett.«
Mutter: »Wie bitte?«
Liam (zeigt auf das Aquarium):
»Die zieht sich aus. Die ist sicher müde.«

Tochter (3): »Mama, hast du auch ein Enkelkind?«
Mutter: »Nein, ich hab erst ein Enkelkind,
wenn du groß bist und selbst ein Baby bekommst.«
Tochter: »Mama, ich bekomm kein Baby, wenn ich
groß bin. Ich bekomme eine Katze.«

Im Garten. Mutter und Sohn (5)
graben den Komposthaufen um.
Er steckt voller Regenwürmer.
Sohn: »Mama, die arbeiten da.«
Dann stoßen sie auf eine Stelle,
die besonders viele Regenwürmer
zu beherbergen scheint.
Sohn: »Mama, da sind ganz viele.
Das ist ihr Büro.«
Dann krabbelt noch ein Mistkäfer dazu.
Sohn: »Und das ist ihr Chef.«

Cassandra (3) steht mit ihrer Mutter in der Küche und schmiert sich ein Butterbrot. Der Vater kommt aus dem Schlafzimmer. Er hat verwuschelte Haare und verquollene Augen.
Mutter: »Du siehst ja aus wie ein Zombie.«
Cassandra (etwas verwundert): »Was ist der Papa für ein Tier?«

Die Katze der Oma sitzt vor der Haustür und miaut, weil sie hereingelassen werden möchte. Die Oma erklärt dem Enkel (4): »Wenn sie rein will, sagt sie: Lasst mich rein! Es ist kalt draußen!«
Der Enkel (begeistert): »Das finde ich schön, dass deine Katze schon Sprechen gelernt hat.«

Die Tochter ist irgendwie von der Rolle. Den ganzen Tag schon. Irgendwann fragt die Mutter: »Was ist denn mit dir los?« Die Tochter zeigt auf ihre Stirn. »Mama, ich hab ein Vögelchen, und das will da raus.«

Die Mutter hat Luna ins Bett gebracht.
Luna: »Mama, ich hör gefährliche Tiere.«
Mutter: »Das ist nur die Spülmaschine.«
Kaum hat sie das gesagt, macht ihr Bauch
seltsame Geräusche.
Luna: »Ich hab noch was anderes gehört.«
Mutter: »Das war nur mein Magen.
Der macht manchmal komische Geräusche.«
Luna: »Hast du einen Dinosaurier im Bauch?«

Laute Geräusche vom Klo. Der Sohn (3) sitzt
auf der Toilette. Dann öffnet sich die Tür.
Der Sohn ruft: »Mama, schau mal,
ich hab einen Pinguin gekackt.«

Janick (5) und sein Vater finden eine tote Maus,
die ihnen die Nachbarskatze
in den Garten gelegt haben muss.
Janick: »Da muss man aufpassen.
Auf tote Mäuse soll man nicht treten.«
Vater: »Das stimmt. Da muss man vorsichtig sein.«
Janick: »Auf lebendige Mäuse soll man
auch nicht treten.«

Im Tierpark bei den Enten.
Lucas (7): »Warum sehen manche Enten
so bunt aus, und andere sind nur braun?«
Tante: »Männliche Enten haben ein buntes
Gefieder, damit sie die Weibchen beeindrucken
und möglichst viele Weibchen sie toll finden.«
Lucas (nachdenklich): »Hmm, das ist ja genauso
wie bei uns Menschen und den Jungs mit
ihren Sportwagen.«

Sontje (3): »Mama, wenn wir Kühe hätten,
und die wären dann irgendwann mal leer,
könnten wir mit denen zur Milchtankstelle
fahren und sie wieder auffüllen?«

Der Sohn versteckt sich mit der Mutter
unter der Bettdecke.
Sohn: »Mama, wir sind jetzt in einem Eisbären.
Der hat uns gefressen. Jetzt müssen wir warten,
bis wir Aa sind.«

Die Tochter (6) erklärt, warum der Mops läufig ist.
Tochter: »Also, wenn Babsi blutet, dann liegt das
daran, dass das Babyhaus im Bauch kaputtgeht,
und deswegen trägt Babsi diese Schlüpfer.
Aber Mama nimmt keine Schlüpfer. Die nimmt
immer die dicken Knochen aus dem Glas.«

Tante zum Neffen (3): »Wir bauen jetzt einen Iglu.«
Neffe (begeistert): »Oh, toll, ein Haus für Igel!«

Die Tochter (3) hat sich einen Marienkäfer in die Nase gesteckt. Als sie merkt, dass sie ihn nicht mehr herausbekommt, rennt sie panisch zu ihrer Mutter. Die zieht den Käfer mit einiger Mühe aus der Nase. Danach erklärt sie dem Kind, dass man so etwas nicht macht. Die Tochter zeigt auf die Katze und sagt: »Mama, das war ich nicht. Das war Tiffy.«

Franz (3): »Mama, Buckelwale haben Barten.«
Mutter: »Ja, das ist richtig.«
Franz: »Menschen haben auch Barten.«
Mutter: »Nein, wir haben Zähne.«
Franz (verdutzt): »Aber Papa hat einen Bart.«

Sohn (3): »Mama, ich will in den Zoo.«
Mutter: »Es ist zu kalt.«
Sohn: »Gar nicht.«
Mutter: »Doch, es ist saukalt.«
Sohn: »Ich sehe keine kalte Sau.«

Franz (3): »Mama, ich hab ein Tier im Hals.«
Mutter: »Das heißt: Frosch im Hals.«
Franz: »Oh, das ist bestimmt ein ganz giftiger
Giftfrosch.«

Der Sohn (6) zieht den Kater an den Ohren.
Vater: »Lass die Katze in Ruhe!«
Sohn reagiert nicht.
Vater (energischer): »Lass jetzt endlich
die Katze in Ruhe!«
Der Sohn sieht ihn fragend an.
Vater (wütend): »Lass endlich die Katze in Ruhe,
sonst werde ich richtig sauer.«
Kind (mit unschuldigem Blick):
»Welche Katze? Wir haben einen Kater.«

Lukas (5): »Mama, weißt du,
was Ameisenscheiße bedeutet?«
Mutter: »Was bedeutet das denn?«
Lukas: »Das ist von Ameisen
die Hundekacka.«

»Kind, lass die Katze in Ruhe! Lass die Katze
in Ruhe! Lass die Katze in Ruhe! Lass die Katze …
Komm her, ich mach ein Pflaster drauf.«

Der Weg zum Kindergarten führt an einer Metzgerei vorbei. Vor dem Schaufenster bleibt die Tochter stehen, sieht die Mutter an, dann den Laden, wieder die Mutter, und dann sagt sie: »Da! Da gibt es Tiere. Geschält.«

Die Nichte (4) darf bei den Großeltern nicht alleine zum Spielen auf den Dachboden. Missmutig sieht sie der Katze nach, die an ihr vorbei die Treppe hinaufschleicht. Dann stellt sie fest: »Eigentlich gehört alles der Katze und nix den Menschen. Die Katze darf überallhin. Und keiner sagt was.«

Im Winter im Zoo. Draußen im Käfig sitzt ein Vogel. Mutter: »Schau mal, dem Vogel ist sicher kalt.« Sohn (2): »Muss Mütze aufsetzen.«

Lilly (4): »Mama, ich weiß genau, du willst einen Schwanz.« Mutter (irritiert): »Was, bitte?« Lilly: »Ja, stell dir mal vor, du hättest einen Schwanz. Dann würdest du aussehen wie eine Kuh.«

Tochter (10) nach
einer unruhigen Nacht beim
Frühstück: »Ich hab heute nicht
viele Augen zugemacht.«

Sprachakrobaten

Der Sohn hat zum ersten Mal Geburtstag.
Die Verwandtschaft sitzt im Wohnzimmer vor einer großen
Torte. Alle sind sich einig, dass das Kind einen ordentlichen
Schuss gemacht hat. Da ist man selbst auch ein bisschen
stolz, und irgendwann hört man sich sagen, dass er für sein
Alter ja auch schon ganz gut sprechen kann. Was? Wirklich?
Große Verwunderung. Ja, das soll er doch mal zeigen.
Man holt ihn also aus der Spielecke. Er sitzt da und ignoriert
standhaft das Flehen seiner Mutter, bis die sich irgendwann
wieder der Verwandtschaft zuwendet. Jetzt greift das Kind
ihre Kaffeetasse, wirft sie auf den Teppich, schaut stolz die
Mami an und sagt tatsächlich sehr deutlich artikuliert:
»Bäh!«

Zu Besuch bei Freunden. Der Sohn der Freunde
weint. Die Mutter fragt, was denn passiert sei.
Der Besuch hat alles gesehen. »Seine Schwester
hat ihn gepiesackt.« Die Schwester verneint:
»Ich hab überhaupt nicht ›pie‹ gesagt.«

Am Frühstückstisch. Ronja (2) möchte wie jeden
Morgen einen Joghurt zum Nachtisch.
Die Mutter scherzhaft zum Vater: »So hat wohl
jeder Mensch sein Laster.«
Ronja: »Wie? Jeder Mensch hat einen Lkw?«

Beim Abendbrot.
Mutter: »Habt ihr heute
im Kindergarten Piraten gespielt?«
Sohn: »Nee, Seeräuber.«

Unterwegs im Auto.
An der Straße ist eine Kirche zu sehen.
Julian (6): »Papa, in welcher Kirche bin
ich getauft worden? In der katholischen oder
in der evangolischen?«

Tochter (4): »Ich hab was ganz, ganz leise gesagt.«
Mutter: »Was denn?«
Tochter: »Weiß ich nicht, es war so leise.«

Die Mutter sitzt im Wohnzimmer auf dem Teppich
und sortiert alte Bilder. Der Sohn (3) sitzt daneben.
In einem Stapel findet sie Fotos aus dem Krankenhaus.
Mutter: »Guck mal, da hab ich dich geboren.«
Sohn: »Hab ich da mitgebohrt?«

**In der Fußgängerzone. Die Tochter (6)
entdeckt über dem Irish Pub die Kleeblatt-Deko.
»Mama, warum nehmen die keinen
vierbettlägerigen Klee?«**

Mutter: »Wenn ich dich noch einmal dabei erwische,
wie du den Sessel zum Balkongeländer schiebst, um
draufzusteigen, dann lernst du mich aber kennen.«
Lorena (3): »Aber ich kenn dich doch schon.«

Im Badezimmer. Die Tochter zeigt
auf ein Flakon. »Mama, was ist das?«
Mutter: »Ein Parfüm.«
Tochter: »Aber das ist doch nur ein Füm?«

Die Mutter sucht auf dem Hochbett
nach der Kappe eines Stifts. Irgendwann
bricht sie die Suche ab und steigt vom Bett runter.
»Ach, die taucht schon wieder auf.«
Tochter (4): »Ich hab sie gar nicht
untertauchen gesehen.«

Rieke (3) muss laut rülpsen.
Mutter: »Mahlzeit!«
Rieke (begeistert): »Au ja! Mama,
malst du mit mir?«

Lenny (4) steht im Bad auf der Waage.
»Mama, komm schnell, ich bin ein Kilo
schwieriger geworden!«

**In der Küche. Der Mutter fällt schon
zum zweiten Mal etwas auf den Boden.
Sie schimpft: »Da wird doch der Hund in der
Pfanne verrückt.«
Tochter (5): »Das heißt Huhn.«
Mutter (kopfschüttelnd): »Nee, das heißt Hund.«
Tochter (altklug): »Das kann nicht sein.
Der Hund passt gar nicht in die Pfanne.«**

Nach dem Baden sitzt Emilia (3)
auf dem Wickeltisch. Die Mutter entdeckt an ihrem
Bauch eine rötliche Stelle. »Sollen wir da etwas Salbe
draufmachen oder lieber nichts?«
Die Tochter blickt auf ihren Bauch hinab, überlegt,
sieht dann ihre Mutter an und sagt: »Lieber nichts.«
Mutter: »Okay, dann zieh ich dir jetzt den Body an.«
Tochter: »NEIN! Du wolltest doch nichts
draufmachen!«

Justus (7) erzählt von seinem Geburtstag:
»Wir haben eine Schatzsuche gemacht. Da mussten
wir ins Handy die Kodinaten eingeben.«

Im Badezimmer. Leander (3) stellt sich
auf die Waage und stellt erschüttert fest:
»O Gott, ich hab zugewiegt.«

Reka hat in einem halben Jahr Geburtstag.
Einmal will sie mittags am Tisch ihr Alter erklären.
»Ich bin nicht mehr richtig fünf. Ich bin
schon halb sechs.«

Morgens vor dem Kleiderschrank. Bosse (5)
und sein Bruder haben eine ganze Schublade
voller Unterhosen. Einige haben Tiermotive.
Bosse zu seinem Bruder: »Ziehst du heute wieder
deine Vögelunterhose an?«

**Tochter: »Mama, warum heißt
der Vogel eigentlich Papagei?«
Mutter: »Wie soll er denn sonst heißen?«
Tochter: »Mamagei?«**

Die Oma steht im Garten und hat den Enkel (2)
auf dem Arm. Ein Schmetterling flattert vorbei.
Enkel: »Da! Subsoi!«
Oma: »Nein, das ist kein Flugzeug.
Das ist ein Schmetterling.«
Enkel: »Subding!«

**Jan (3) spricht mit seiner Mutter
über Behinderungen.
Mutter: »Wenn man nichts hören kann,
dann ist man taub.«
Jan: »Und wenn man nichts sehen kann,
dann ist man blond, Mama, oder?«**

Sommer im Garten.
Sohn: »Mama, darf ich Wasser holen?«
Mutter: »Wozu denn?«
Sohn: »Ich will das Blumengebet gießen.«

Der kleine Sohn (5) einer Freundin mag Pferde.
Besonders begeistert ist er von Rennpferden.
Auf denen würde er später gerne einmal reiten.
Auf die Frage, was er denn mal werden will, sagt er
im Brustton der Überzeugung: »Junkie!«

Beim Frühstück.
Elena (5): »Mama, hast du
meinen Käse vergessen?«
Die Mutter holt den Käse
aus dem Kühlschrank.
Elena (kopfschüttelnd):
»Ich glaub, mein Schwein pfeift.«

Mutter: »Lukas, was gibt's heute
zum Mittagessen?«
Lukas (5):
»Skabetti carbonara?«

Sohn: »Papa, wenn du die Nase voll hast,
dann musst du mal Nase putzen!«

Im Kinderzimmer. Die Mutter schneidet Beeke (10)
die Nägel. Aiske (3) steht daneben.
Mutter: »Aiske, kannst du Beeke mal bitte ablenken,
damit sie nicht so zappelt?«
Aiske schaut etwas irritiert, kommt dann aber rüber
und leckt ihrer Schwester quer übers Gesicht.
Mutter: »He, was soll das denn?«
Aiske (noch irritierter): »Du hast doch gesagt,
ich soll sie ablecken.«

Wenn die Tochter etwas nicht verstehen soll,
benutzen die Eltern einen Geheimcode:
die Löffelsprache. Der Satz »Ich habe eine Puppe
gekauft« klingt dann zum Beispiel so:
»Illewich hallewabellewe dillewie Pullewuppel-
lewe gellewekallewauft.«
Vater: »Kannst du das noch mal
ein bisschen langsamer sagen?«
Tochter: »Sillewie hallewat mallewein
Gelleweschellewenk.« (Sie hat mein Geschenk.)

Finya (3):
»Mama, mach das Auto wärmer.
Mir ist blauwarm.«

Die Tochter (8) hat im Süßigkeitenschrank
eine Tüte Chips entdeckt.
Tochter: »Super, Mama, du hast endlich
die richtigen Chips gekauft.«
Mutter: »Was war denn falsch an den anderen?«
Tochter: »Diese hier sind ungarisch.
Die anderen waren gar.«

Liya (2): »Mama, Apfel haben wollen.«
Mutter: »Wie heißt das Zauberwort?«
Liya: »Simsalabim!«

Die Mutter erklärt dem Sohn (4),
was Erben bedeutet. Darauf der Sohn:
»Wenn du tot bist, will ich auf alle Fälle
dein Handy haben.«

Auf dem Weg zum Arzt.
Mutter: »So, jetzt fahren wir mit der S-Bahn.«
Minuten später in der Bahn.
Tochter (4): »Mama, die heißt so, weil man
da drin essen kann, oder?«

Maya (3) nimmt einen kaputten Zwieback
aus der Tüte. »Mama, ich esse gern die kaputten,
aber am liebsten die heiligen.«

Philipp (3): »Papa, wo ist denn
mein Planschbecken?«
Vater: »Im Keller.«
Philipp: »Aufgepustet?«
Papa: »Nein.«
Philipp: »Ah, zugepustet.«

Nach dem Abendessen. Finn (3) hat Schluckauf.
Wieder und wieder. Und schon wieder.
»Mama, ich hab mich verschluckauft.«

Der Sohn (3) hat eine Freundin zu Besuch.
Das Mädchen möchte malen.
Mutter: »Du kannst dich
auf den Schreibtischstuhl setzen.«
Mädchen: »Nee, kann ich nicht.
Der Stuhl ist so rollig.«

Fabian hat die Angewohnheit, auf alle Fragen
mit »Was?« zu reagieren. Seine Mutter verbessert ihn
jedes Mal geduldig und bittet ihn, doch besser
»Wie bitte?« zu sagen. Irgendwann scheint er es
verstanden zu haben. Dann ist die Verwandtschaft
zu Besuch. Über dem Haus sind Segelflieger zu
sehen. Fabian sieht hinauf in den Himmel und fragt:
»Onkel Dieter, wie bitte fliegt da oben?«

Der Sohn wird nach seinem Vater gefragt,
der einen wirklich komplizierten Namen hat:
Jürgen Josef Harald. Schwer zu merken, aber
der Sohn hat es schon fast drauf:
»Mein Papa heißt Jürgen Jesus Fahrrad.«

Unterwegs im Auto. Pauline (3) ist schon die ganze
Zeit übel. Irgendwann geht es nicht mehr. Sie muss
sich übergeben. Jemand verwendet das Wort
»kotzen«. Pauline korrigiert energisch: »Man sagt
nicht ›kotzen‹. Man sagt ›einbrechen‹.«

Wochenendausflug. Die Familie steht vor den
Mauerresten eines alten Schlosses.
Sohn: »Papa, warum heißt das Burg-Urine?
Hat das was mit Pipi zu tun?«

Levin: »Was ist das, Mama?«
Mutter: »Das ist ein Dino.«
Levin: »Und was ist das?«
Mutter: »Das ist ein D wie Dino.«
Levin: »Und was ist das?«
Mutter: »Das ist ein Q.«
Levin: »Q wie Kugelschreiber.«

Die Mutter hält Maya (2) fest, doch die wehrt
sich mit Händen und Füßen. »Mama, halt los!«

Die Kita hat einen Tag lang geschlossen,
und der Sohn (5) muss mit seiner Mutter zur Arbeit.
Mittags essen sie beim Italiener. Der Kellner
redet mit starkem Akzent auf den Jungen ein.
Der Sohn sieht seine Mutter an und sagt: »Ich kann
kein Chinanesisch.«

Mathis beim Anblick einer Frau
mit Stöckelschuhen:
»Ich verstehe nicht, wie Frauen
so hochkant laufen können.«

Sophie (4) hat die Kopfhörer aus dem Schrank geholt.
Sie steht im Wohnzimmer, hält sie in der Hand
und sagt sehr stolz: »Ich höre jetzt Kopf!«

Die Tochter (4) auf die Frage, wer denn
Frau Zimmermann sei: »Na, die Graujährige.«

Mutter: »Hast du schon Zähne geputzt?«
Joel (4): »Oh, voll vergessen. Bin ich dumm.«
Mutter: »Nein, du bist doch nicht dumm.«
Joel: »Mami, das sagt man so zu sich selber.
Das heißt doch nicht, dass ich dumm bin.«

Die Mutter versucht, mit der Tochter einen
Mittagsschlaf zu machen, aber die will partout nicht
schlafen. Sie plappert einfach immer weiter.
Mutter: »Hör auf zu plappern.«
Tochter: »Nein.«
Mutter: »Warum?«
Tochter: »Es plappert die Mühle am laufenden Bach.«

Lukas (6) fällt in der Küche das Brot
aus der Hand. »Fuck!«
Mutter: »Das sagt man nicht!«
Lukas: »Hä? Sagst du doch auch immer.«
Mutter (denkt): Fuck.

Morgens im Badezimmer.
Ben (6) sitzt auf dem Arm seiner Mutter.
Auf einmal schleckt er ihr die Wange ab,
überlegt und sagt: »Mama, du bist
echt geschmacklos.«

Tochter (4) ruft in den Flur:
»MAMA! Welche Schuhe soll ich anziehen?«
Mama: »Die gefütterten Stiefel!«
Tochter dreht den Stiefel um und schüttelt.
»MAMA! Da ist kein Futter drin.«

Vor der Sprachtherapie.
»Mama, gehen wir heute Lobobäbie?«

Vor dem Schlafengehen.
Papa: »Du hast mich angeschwindelt,
du warst noch gar nicht auf Toilette.«
Tochter (4), verzweifelt: »Ich hab
mich verwechselt!«

Tochter: »Mama, *bridge* heißt Brücke,
und *bitch* heißt Strand, oder?«

Die Oma ist zu Besuch.
Sie sprüht dem Kater Flohspray ins Fell.
Emily: »Oma, was machst du da mit dem Kater?«
Oma: »Das ist, damit der Kater
keine Flöhe bekommt.«
Emily: »Was sind Flöhe?«
Oma: »Das sind Tiere, die im Fell wohnen.«
Drei Tage später steht die Mutter mit Emily im
Supermarkt an der Kasse. Ein paar Meter weiter
testet eine Frau ein Parfüm. Sie sprüht etwas auf
ihre Hand. Emily zeigt auf die Frau und brüllt:
»Mama, hat die auch Flöhe im Fell?«

Wir üben gerade das Abc.
Mutter: »A wie?«
Tochter (3): »Antonia.«
Mutter: »B wie?«
Tochter: »Birne.«
Mutter: »C wie?«
Tochter: »Zähne.«

Mutter: »Du bringst mich damit
ganz schön auf die Palme.«
Sohn: »Aber hier ist doch gar keine Palme?«

Der Sohn (3) rennt aufgeregt durch die Wohnung, schiebt die Mutter rabiat beiseite und ruft: »Mann, such dir doch mal 'ne eigene Insel!«

Wir fahren in den Urlaub

Auf dem Weg nach Italien. Die ersten Meter auf der Autobahn. Auf der Rückbank die Kinder. Zwischen ihnen die Kühlbox. Das Fenster steht einen Spaltbreit offen, die Tanknadel ganz nach rechts gekippt. Die Mutter schält auf dem Beifahrersitz einen Apfel. Dann, als nach einer halben Stunde das erste Autobahnkreuz vorbeirauscht, wird es auf der Rückbank zum ersten Mal unruhig. Und zum ersten Mal kommt auch die Frage: »Papa, wann sind wir da?«

Frank war mit seiner Mutter alleine im Urlaub. Der Vater holt die beiden am Bahnsteig ab. Frank steigt aus dem Zug, sieht seinen Vater und ruft schon von Weitem: »Papa, Tante Lisa hat mir gezeigt, wie man durchs Hosenbein pullert. Soll ich dir das auch zeigen?«

Im Urlaub an der Ostsee. Linnea (4) hat in ihrem Eimerchen Garnelen gefangen. Sie kommt stolz zurück, hält den Eimer in die Luft und ruft: »Mama, guck mal, ich hab Kamele gefunden!«

Der Sohn (6) sitzt mit den Eltern in der Sauna. Erst schwitzen alle nur ein bisschen. Dann immer mehr. Irgendwann sagt der Sohn: »Mama, ich weiß, warum das Sauna heißt. Weil man hier schwitzt wie eine Sau!«

Urlaub am Meer. Die Großeltern spazieren mit dem Enkel (7) in Richtung Watt. Die Oma bückt sich, um sich die Schuhe auszuziehen. Enkel: »Weißt du, wie das aussieht, Oma? Wie eine Kuh, die auf der Wiese liegt.«

Am Strand. Badewetter. Marvin (8) liegt mit seinen Eltern auf einem Badetuch. Plötzlich ist er ganz aufgeregt. »Mama, der Frau dahinten ist der Schlüpfer runtergerutscht. Und weißt du was?«
Mutter: »Was denn?«
Marvin: »Die hat einen Bart an der Mumu.«

Im Winterurlaub. Mateo (4) bestellt auf
einer Skihütte zwei Wiener mit Brot und Ketchup.
Als das Essen kommt, ruft er entsetzt: »Aber Mama,
ich hab doch gar keinen Salat bestellt!«
Mutter: »Das ist nur Dekoration.«
Mateo: »Warum Dekoration? Es ist doch
noch gar nicht Weihnachten.«

**Wenn man Urlaubsfilme auf Schmalfilm
dreht, muss man die Filme zum Kleben an der
Trennstelle mit einem scharfen Schaber anrauen.
Der Sohn hat das schon öfter gesehen.
Als sein Vater gerade wieder mal das Werkzeug
vorbereitet, fragt er: »Papa, darf ich zusehen,
wie du abkratzt?«**

Im Urlaub. Es ist ziemlich kühl. Auf dem Weg
zum Strand kommen uns zwei junge Frauen auf
dem Fahrrad entgegen. Sie tragen Hotpants.
Mira (2): »Guck mal, Mama, das ist ja traurig.
Die haben gar keine Hose mehr.«

Papa: »Mama fährt
morgen nach Berlin.«
Emil: »Da will ich mit.«
Papa: »Das geht leider nicht.
Aber wir beide sind
dann alleine. Und was
machen wir da?«
Emil: »Juhu!
Wir trinken Cola!«
Nächster Tag.
Verabschiedung an der Tür.
Mama: »So, ich fahre jetzt
nach Berlin und komme
erst morgen Abend wieder.«
Papa (Blick zu Emil): »Und was
machen wir in der Zwischenzeit?«
Emil (Blick zur Mama):
»Wir trinken Wasser.«

Im Urlaub an der Nordsee hat die Familie oft die Produkte einer bestimmten Lebensmittelmarke gegessen. Als Sam ein paar Wochen später zu Hause mit der Mutter durch den Supermarkt läuft, entdeckt er im Regal ein Produkt derselben Marke, zeigt auf das Logo und sagt: »Das müssen wir kaufen. Das ist Urlaub!«

Die Eltern sehen sich zusammen mit Julian (6) und den Großeltern alte Urlaubsbilder an.
Vater: »Ist das hier am Wörthersee?«
Julian (total verblüfft): »Was sind da denn für Wörter drin?«

Die Nichte (4) kommt mit ihren Eltern aus dem Urlaub.
Tante: »Und hat es dir dort gefallen?«
Nichte: »Ja, ich hab sogar eine neue Sprache gelernt.«
Tante: »Welche denn?«
Nichte: »Urlaubisch.«

Am Ostseestrand. Die Mutter hat Linnea (4) mehrfach ermahnt, am Wasser vorsichtig zu sein. Dann wird sie doch von einer Welle erwischt. Das Wasser tropft aus ihren Haaren. Dann sagt sie: »Ich kann nichts dafür. Das Wasser war schneller und hat gewonnen.«

Juna (2): »Was machst du, Mama?«
Mutter: »Ich fliege heute in den Urlaub.«
Juna (lacht): »Du hast doch keine Flügel!«

Im Urlaub. Die Familie sitzt im Restaurant. Der spanische Kellner kommt an den Tisch und fragt, ob er schon Getränke bringen soll. Die Tochter (6) bestellt Mineralwasser.
Kellner: »Sin gas o con gas?«
Tochter: »Mit Glas!«

Kris (3): »Und wo ist der Urlaub?«
Paul (4): »Auf Mallorca rechts ab.«

Sommerurlaub in Dänemark. Überall am Strand liegen rote Marienkäfer. Der Sohn (3) sitzt mittendrin und beobachtet einen Käfer, der auf seiner Hand herumkrabbelt. Am Ende des Zeigefingers angekommen, spreizt der Käfer die Flügel und will losfliegen. Der Sohn ruft entzückt: »Guckt mal, der Käfer hat 'nen Kofferraum.«

In der Wohnung.
Mutter singt
(ganz in Gedanken):
»Atemlos durch die Nacht …«
Philip (5) dreht sich
genervt um. »Mama, wenn
du das noch einmal
machst, werde ich
elektronisch.«

Musik und Party

Kindergeburtstag. Was kommt als Nächstes? Topfschlagen.
Genau. Lange nicht mehr gespielt. Aber so schwer kann
das ja nicht sein. Der Sohn fängt an. Augen verbinden.
Hier ist der Kochlöffel. Der Topf steht da vorne unter der Lese-
lampe. Dürfte man eigentlich schnell finden. Dann das Kind
noch zweimal drehen. Ganz so leicht soll es ja auch nicht sein.
Oje. War vielleicht doch etwas zu heftig. Der Sohn wankt,
er stolpert, reißt mit dem Kochlöffel zwei Gläser vom Tisch.
Dann kippt er gegen den Blumentopf. Alles auf den Teppich.
Er weint. Süßigkeiten für alle. Vielleicht doch besser erst mal
Sackhüpfen.

Auch eine Woche nach Weihnachten will Fritz
nur ein Lied hören: »Last Christmas« von Wham.
Den Namen der Band kennt er nicht. Braucht er
aber auch nicht. Er fragt immer nach dem Sänger.
»Dieses Lied von Lars Christmas.«

Mutter und Tochter haben zusammen Quarkbrötchen gebacken. Die Küche sieht dementsprechend aus.
Mutter: »Puh, schau dir mal die Sauerei an. Wie kriegen wir das bloß wieder weg?«
Tochter: »Mit Stroh, liebe Liese! Mit Stroh!«

Felix (7) hat seit einigen Monaten Orgelunterricht, aber es fällt ihm schwer, und es macht ihm keinen Spaß. Seine Mutter versucht, ihn aufzumuntern: »So was ist am Anfang nie leicht. Aber wenn man es ein bisschen kann, wird es schnell besser.«
Felix: »Aber ich kann das einfach nicht.«
Mutter: »Deswegen musst du ja üben.«
Felix: »Aber meine Finger sind zu klein.«
Mutter: »Ja, und was sollen wir da machen?«
Felix: »Ich könnte einfach nicht mehr hingehen.«

Sonntags im Auto. Es ist für längere Zeit ruhig. Irgendwann fragt die Tochter von hinten: »Wusstet ihr eigentlich, dass Tränen nicht lügen?«

Die Mutter musste André (3) etwas früher aus dem Kindergarten abholen. Er hat 39 Grad Fieber. Als sie gerade wieder zu Hause sind, sagt sie: »So, jetzt mache ich dir ein Bett auf dem Sofa. Dann kannst du dich ausruhen. Und ich mach dir noch was Schönes an, damit du ein bisschen was hören kannst.« André (vollkommen fertig): »Ja, Mama, AC/DC.«

Silvester. Kurz nach Mitternacht.
Draußen knallt und blitzt es.
Tristan (7): »Mama, mein Herz tanzt,
weil die Raketen so tolle Musik machen.«

Beim Frühstück. Im Radio läuft der Song
»What's up?« von den 4 Non Blondes.
Das Lied beginnt langsam und leise,
dann singt die Sängerin immer lauter und
leidenschaftlicher. Als sie irgendwann schreit,
so laut sie kann, zeigt Jasmin (8) auf das Radio
und fragt: »Was ist denn mit der Frau los?
Hat die ein Leiden?«

Henri (8) erzählt von seiner ersten
Übernachtungsparty. Sie seien erst um
fünf Uhr ins Bett gegangen. Die Eltern erzählen,
sie seien auch unterwegs gewesen.
Henri: »Wann seid ihr denn heimgekommen?«
Mutter: »So gegen ein Uhr.«
Henri: »Wie süß!«

**Die Nichte (6) gratuliert dem Onkel
zum Geburtstag.
Nichte: »Wie alt bist du denn geworden?«
Onkel: »Dreißig.«
Nichte: »Das ist ja schon ganz
schön alt. Mann, gut, dass du noch
nicht tot bist.«**

Sohn (4): »Mama, vielleicht geht die Spülung nicht
richtig, weil das Klo schon so viele Jahre alt ist.«
Mutter: »Ja, das kann sein.«
Sohn: »Wie viele Jahre ist es denn schon?«
Mutter: »Ich hab keine Ahnung.«
Sohn: »Wann hat es denn Geburtstag?«

Die Mutter hat einen Ohrwurm: »Männer sind
Schweine« von den Ärzten. Sie trällert das Lied
schon den ganzen Tag lang vor sich hin, aber
wenn der Sohn (4) in der Nähe ist, lässt sie das Wort
»Schweine« weg. Nachmittags steht sie in der
Küche und singt das Lied schon wieder.
Der Sohn spielt auf dem Boden.
Mutter: »In jedem Mann steckt
auch immer ein …«
Sohn: »Geheimnis.«

Der Vater bringt Sam ins Bett. Nach ein paar Minuten fallen dem Jungen die Augen zu. Er atmet immer ruhiger. Der Vater streichelt ihm übers Haar, wartet noch einen Moment, bis er sich sicher ist, dass Sam eingeschlafen ist. Dann steht er langsam auf, und als er gerade gehen will, reißt Sam die Augen auf und schmettert: »Da hat das rote Pferd sich einfach umgekehrt und hat mit seinem Schwanz die Fliege abgewehrt.«

Im Fernsehen läuft eine Kindersendung. Ein Kinderchor singt ein Lied. Die Tochter (5) zeigt auf den alten Röhrenfernseher und sagt: »Mama, ich geh da wohl hin und sing da auch. Aber wie komm ich da wieder raus?«

Mama liest vor. »... ruft der kleine Drache atemlos ...«
Kind: »Atemlos durch die Nacht!«

**Die Tochter singt
zusammen mit der Mutter.
Mutter: »Lieber Vogel,
flieg weiter …«
Tochter: »… nimm 'nen Gruß
mit und 'nen Fuß!«**

Die zehn Monate
alte Schwester liegt in der Küche
auf dem Boden und weint.
Mutter zum Sohn (3):
»Warum weint die Heidemarie
denn so? Ist die umgefallen?«
Der Sohn nickt. Dann,
nach einer Pause:
»Ich hab ihr geholfen.«

Freunde und die lieben Geschwister

Seltsam. Schon seit einer Stunde ist es verdächtig ruhig im Kinderzimmer. Die scheinen sich ja gut zu beschäftigen, da stört man sie besser nicht. Man nimmt sich also noch einen Kaffee. Mittlerweile ist es beunruhigend leise. Was die beiden da wohl treiben? Man öffnet vorsichtig die Tür, um durch den Spalt ins Zimmer zu spähen. Der Sohn sitzt mit einer Bastelschere auf dem Teppich, die Tochter steht hinter der Gardine. Jetzt schiebt man die Tür ein weiteres Stück auf. Die Tochter ruft: »Guck mal, Mama, die Gardine hat jetzt ein Guckloch.«

Maya (4): »Mama, lass uns das gleiche T-Shirt anziehen, dann denken alle, wir sind Zwillinge.«

Der Sohn lässt vor versammelter Mannschaft einen fahren. Die Eltern sind nicht begeistert. Der Bruder zieht die Schulter hoch. »Tja, so ist das in der Pubsertät.«

**Sara unterhält sich mit ihrer besten Freundin
Lynn über Freizeitbeschäftigungen.
Die Mutter hört mit einem Ohr mit.
Irgendwann sagt Lynn: »Such dir doch
ein Kinderhobby. Fensterputzen,
Rasenmähen …«**

Linus (4) steht neben dem Wickeltisch,
auf dem seine fünf Wochen alte Schwester Lilly liegt.
Sein Blick wandert zwischen der Mutter
und der Tochter hin und her.
Linus: »Mama, Lilly war doch
in deinem Bauch, oder?«
Mutter: »Ja, das stimmt.«
Linus: »Und ich war damals auch
in deinem Bauch, oder?«
Mutter: »Ja, warst du. Und der
war kugelrund!«
Linus: »Ja, okay … Aber … hast du
uns denn GEGESSEN?«

Der Neffe hat eine kleine Schwester
bekommen. Von seinen Eltern will er wissen,
ob die Schwester jetzt für immer bleiben wird.
Die Eltern bejahen das fröhlich, woraufhin er
kurz schluckt und feststellt: »Das ist aber sehr
unangenehm.«

Die Tochter hat ihrem Bruder ein Bild gemalt.
Sie zeigt es stolz herum.
Sohn: »Wow, das sieht ja richtig echt aus –
wie ein Foto …« – kurze Pause –,
»das verwackelt ist.«

**Die Tochter (6) sitzt mit ihrer Freundin (7)
am Küchentisch und malt mit Wasserfarben.
Das Wasser wird erst rot, dann immer dunkler
und schließlich braun.
Freundin: »Guck mal, warum ist
das Wasser so braun?«
Tochter: »Das ist wie beim Essen.
Das Bunte wird zusammengemischt,
und am Ende kommt es braun wieder raus.«**

Die Mutter ist schwanger.
Kimi begleitet sie zur ersten
Ultraschall-Untersuchung und ist
tief beeindruckt. Auf der Heimfahrt
ist es sehr leise. Kimi grübelt.
Kurz vor der Haustür fragt er:
»Mama, wie ist denn das Baby
in den Bauch gekommen?
Hast du das verschluckt?«

Mutter: »Hey, der Papa
hat heute gekocht.«
Sohn: »Och nö, ich wollte
eigentlich was Leckeres.«

Der Vater spricht mit dem Sohn (2)
über Geschwister.
Vater: »Möchtest du gern ein kleines Brüderchen
oder Schwesterchen haben?«
Sohn: »Ja!«
Vater: »Und, was würdest du
dann mit ihm machen?«
Sohn: »Essen!«

Der Sohn (3) beim Einsteigen ins Auto.
»Mama, du hast es schon schwer mit zwei Kindern
wie uns, was?« Er sieht zur kleinen Schwester
hinüber. »Besonders mit Heidemarie.«

**Im Kinderzimmer. Schwester (4)
und Bruder (5) stehen sich gegenüber.
Schwester: »So, und jetzt stell dich mal
auf die Zehenspitzen.«
Der Bruder geht einen Schritt vor und
stellt sich auf die Zehenspitzen – allerdings
auf die seiner Schwester.**

Auf dem Tisch steht Rotbäckchen-Saft.
Der große Bruder zum kleinen: »Du bist noch zu klein
für den Saft. Der schmeckt dir noch nicht.« Gießt sich
was ein. »Hier, du darfst mal reingucken. Aber ich
schwör dir, der schmeckt dir noch nicht.«

Jeremy (10): »Mama, frag mal bitte
meinen Kumpel, ob er Zeit hat.«
Die Mutter schreibt eine Textnachricht.
Kurz darauf antwortet der Freund.
Mutter: »Ja, er hat Zeit.«
Jeremy: »Gut, dann sag ihm:
Ich hab leider keine.«

Die Tochter (6) macht zusammen mit ihrer
gleichaltrigen Freundin Hausaufgaben.
Tochter: »Du kannst das ja schon. Warum gehst du
dann eigentlich noch in die Schule?«
Freundin: »Ja, das frag ich mich jeden Tag.«

**Der Sohn (5) hat eine Schwester bekommen.
Die Mutter liegt noch im Krankenhaus, aber
sie hat ein Foto der Kleinen per Smartphone
geschickt. Der Junge sieht sich das Foto an
und ist erstaunt. »Das ist aber ein rotes,
verbranntes Kind.«**

Die große Schwester unterhält sich
mit ihrem siebenjährigen Bruder.
Schwester: »Wenn man mit Blumen
nett spricht, werden sie schöner.«
Bruder: »Nein, das geht nur bei Frauen.«

Lilly (4): »Mama, wo war ich, als meine
große Schwester noch ein Baby war?«
Mama: »Da warst du noch Quark im Schaufenster.«
Lilly: »Ach so. Und dann hast du mich gekauft?«

**Annabell schubst ihre Freundin Larissa
(beide 4). Die Mutter sieht das
und weist sie zurecht.
Annabell: »Ich hab Larissa nicht geschubst.
Ich hab sie nur schneller gemacht!«**

Mutter: »Du verstehst dich aber richtig gut
mit der Pia aus deiner Gruppe, was?«
Tochter: »Ja, wir haben richtig gute Ohren.«

Die ältere Schwester (4) setzt ihrem jüngeren
Bruder die Mütze auf, der will das aber lieber selbst
machen. Die Schwester schaut sich das kurz an.
Dann sagt sie entnervt: »Wenn du so weitermachst,
sind wir morgen noch nicht fertig.«

**William kommt hektisch aus der Kita.
»Papa, wenn die Fiona groß ist, darf die dann bei
uns wohnen? Die weiß doch sonst nicht, wohin.«**

Max (8) zu Tim (11): »Kannst du mir
beibringen, wie man cool ist?«

Reka und ihre Schwester Vici (beide 7)
unterhalten sich über Frankenstein.
Reka: »*Hotel Transsylvanien*
ist auch über Gott.«
Vici: »Wieso das denn?«
Reka: »Na, der Frankenstein
sagt doch da: O Gott.«

Der Sohn einer Freundin schaut mich
die ganze Zeit nachdenklich an.
Irgendwann frage ich ihn: »Möchtest du
etwas loswerden, Ole?«
Ole (überlegt): »Ja, meinen Bruder.«

Bruder und Schwester toben
ausgelassen im Kinderzimmer.
Irgendwann sagt sie im Überschwang:
»Ich hab dich wirklich zum Fressen gern.«
Darauf er (beleidigt): »Wenn du Hunger hast,
geh zum Lidl, und kauf dir was!«

Lisa und Laura trifft man nur sehr selten alleine an.
Nach dem Frühstück in der Kita sitzen sie mal
wieder beisammen. Eine Erzieherin kommt vorbei
und stellt fest: »Ihr zwei seid aber auch richtig
dicke Freundinnen, was?«
Lisa (empört): »Wir sind nicht dick!«

Die Tochter (4) diskutiert mit ihrer Freundin.
Es geht um die Frage, wer größer ist. Irgendwann
sagt die Tochter: »Komm, wir metern.«

Beim Mittagessen. Es geht um Größe und Alter.
Mutter: »Meine Freundin Mia ist größer als ich,
aber ich bin älter.«
Emma (5): »Dann hast du eine Wachstumsstörung!«

»Stimmt's, Papa, wenn zwei sich streiten,
also mein Bruder und ich, freut sich der Dritte –
und das ist die Mama.«

**Sohn (6): »Mama, dürfen wir heute fernsehen?«
Mutter: »Nein, ihr habt zu viel gestritten.«
Sohn: »Och, Mama, weißt du denn nicht,
dass Brüder sich auch mal streiten?«**

Morgens im Bad.

Hanna (4):

»Du, Mama, wenn ich groß bin, wo muss ich denn da überhaupt hingehen, wenn ich mir einen Mann aussuchen will?«

Mutter: »Äh, Hanna, ganz so läuft das nicht …«

Hanna: »Nicht? Und wo hast du dann Papa her?«

DiE SacHE mit dEr BioloGiE

Der Sohn soll jetzt schlafen, aber er möchte noch etwas
fragen. Er weiß nur noch nicht, wie. Er liegt im Bett und
druckst herum. Man hat so eine Ahnung, was jetzt kommen
könnte. Irgendwie hat man ja schon länger damit gerechnet.
Bald wird das Schwesterchen geboren. Ob es darum geht?
»Ja, genau«, sagt er. Also gut. Für die Geschichte mit
den Blüten und den Bienchen ist er zu alt. Man muss es
also anders angehen. »Wenn zwei Menschen sich sehr
mögen«, sagt man – doch der Sohn fällt einem direkt ins
Wort: »Ich weiß, dann haben sie Sex. Aber ich wollte wissen,
ob die ein eigenes Zimmer kriegt.«

Die Familie sitzt beim Kaffee zusammen.
Sohn: »Mama, warum haben Oma und du
eigentlich braune Augen und Tante Anni
und Opa blaue Augen?«
Die Mutter überlegt noch, wie sie es ihm
am besten erklären soll, als der Sohn schon
selbst antwortet: »Ah, ich weiß. Du warst
in Omas Bauch, und Tante Anni war
in Opas Bauch.«

Laura hat neben der Toilette eine kleine Pfütze
hinterlassen. »Mama, warum hast du denn
neben die Toilette gepieselt?«
Mutter: »Schatz, das war ich nicht.«
Laura: »Hmm, vielleicht war's Papa.«

Die Tochter (3) steht im Badezimmer vor
dem Klo und fummelt ratlos an ihrer Hose herum.
Die Mutter sieht ihr eine Weile zu, dann fragt sie:
»Was machst du da eigentlich?«
Tochter: »Ich will auch Pipi machen
wie Papa und Opa.«

Der Vater steigt aus der Dusche.
Der Sohn (7) steht vor ihm und fragt:
»Papa, was ist das da unter deinem Pipimann?«
Vater: »Meine Hoden.«
Sohn: »Und wozu sind die da?«
Vater: »Damit es Kinder gibt.«
Eine halbe Stunde später kommt der Sohn
ganz stolz zum Vater und verkündet:
»Papa, ich bekomme zwei Kinder.«

Der Sohn wird langsam erwachsen.
Er ist jetzt 13. Die Pubertät beginnt.
Nachmittags sitzt er zusammen mit der
kleinen Schwester auf dem Sofa.
Sohn: »Weißt du was? Mama hat gesagt,
sie würde mich immer lieben.
Sogar wenn ich schwul werde.«

Die Mutter von David (5) ist schwanger.
Im Kindergarten geht er nach dem Frühstück
zur Erzieherin und klagt: »Ich hab Bauchschmerzen,
weil ich schwanger bin. Ich glaub, ich muss
gleich kotzen.«

Sophie (3) zu ihrer schwangeren Mutter:
»Mama, wenn das Baby rauskommt,
machst du dann die Brust auf?«

Der Sohn hat die unteren vorderen Milchzähne
verloren. Im Zahnfleisch sind schon die Spitzen der
neuen Zähne zu sehen. Er steht vor dem Spiegel,
schaut ungläubig in seinen Mund und fragt:
»Mama, warum hab ich Katzenstreu im Mund?«

Liam (5) sitzt mit seinen Buntstiften vor einem Blatt Papier, scheint aber nicht so recht weiterzuwissen.
Liam: »Mama, Jungs haben kurze Haare, und Mädchen haben lange Haare, oder?«
Mutter: »Es gibt auch Mädchen mit kurzen und Jungs mit langen Haaren.«
Liam: »Aber Jungs haben blaue Hosen, und Mädchen haben rosa Hemden, oder?«
Mutter: »Na ja, oft. Aber Mädchen tragen auch Blau und Jungs mittlerweile auch manchmal Rosa.«
Liam: »Und wie soll man dann wissen, ob das ein Junge oder ein Mädchen ist?« (Pause) »Ich mal da 'n Schniepel dran. Dann sieht man das besser.«

Mit der Tochter (4) einer Freundin auf dem Klo. Sie stützt sich mit den Ellenbogen auf die Knie, und es fehlt nicht mehr viel, dann rutscht sie ins Klo. Auf einmal sagt sie: »Ich weiß jetzt, warum Jungs doof sind. Die haben ja einen Pipimann und ich nicht. Aber ich kann trotzdem Pipi machen. Die haben den sogar noch, wenn sie so alt sind wie Papa. Weil die nicht lernen, wie man Pipi macht.«

Spaziergang im Park. Ein kleines Mädchen
ist mit ihren Eltern unterwegs. Sie läuft
übermütig voran, hüpft und jauchzt.
Mutter (leicht genervt): »Julia, an dir ist aber auch
echt ein Junge verloren gegangen.«
Das Mädchen bleibt stehen, dreht sich um und fragt
mit großen Augen: »Und wo ist der Junge jetzt?«

Der Sohn (3) war auf dem Klo. Als er wieder
rauskommt, ist er ganz aufgeregt. Er steht vor
seiner Mutter und ruft: »Mama, jetzt weiß ich's.
Bei schlauen Babys fällt der Pullermann ab.«

Die Tochter (2) sitzt neben dem Sofa und macht
seltsame Geräusche. Der Vater sieht auf und fragt:
»Was machst du denn?« Die Tochter antwortet nicht,
sondern schaut nur weg, steht irgendwann auf und
geht auf ihr Zimmer. Der Vater sieht ihr nach und
macht eine unerfreuliche Entdeckung. Die Tochter
musste offenbar sehr dringend Groß. Der Vater ruft
sie zurück, zeigt auf ihr Werk und fragt ernst: »Was ist
das?« Die Tochter schaut kurz hin, winkt ab und sagt:
»Brötchen«, dreht sich wieder um und geht spielen.

Tochter: »Oma, ich weiß jetzt, warum Mama und Papa noch nicht verheiratet sind.«
Oma: »Und wieso nicht?«
Tochter: »Weil die noch ineinander verliebt sind!«

Die Tochter (13) kommt aufgeregt nach Hause.
Sie erzählt, in der Schule hätten sie über Verhütung
gesprochen. »Mama, weißt du, dass eine Spirale
drei Jahre lang im Körper bleiben kann?«
Mutter: »Es gibt sogar welche, die können fünf
Jahre bleiben. So wie meine.«
Tochter: »Warum brauchst du denn eine Spirale?«
Mutter: »Damit ich nicht schwanger werde.«
Tochter: »Aber, Mama, wie willst du denn
schwanger werden? Du hast doch gar keinen …
na, du weißt schon: Sex.«

Die Tante ist schwanger,
der Babybauch ist schon deutlich
zu sehen. Liam (4) will wissen, wie seine Tante
das Baby da reinbekommen hat.
Die Mutter erklärt: »Das hat der Onkel
Christoph ihr geschenkt.«
Ein paar Tage später.
Liam: »Mama, willst du auch noch
ein Baby haben?«
Mutter (alleinerziehend):
»Dafür braucht man einen Mann.«
Liam: »Frag doch einfach Onkel Christoph.
Vielleicht schenkt der dir ja auch eins.«

**Die Mutter zieht sich im Bad
zusammen mit dem Sohn an.
Sie bückt sich, um ihre Kleidung aufzuheben.
Der Sohn (total erstaunt): »Mama, warum sind
denn deine Brüste jetzt so lang?«**

Julian (3) zu seiner Mutter: »Mama,
als ich geboren wurde, bin ich aus dir
rausgerutscht – auf der Rutsche, gell?«

Die Nichte (4) ist zu Besuch – zum ersten Mal
in der neuen Wohnung. Als sie sich alles genau
angesehen hat, sagt sie zur schwangeren Tante:
»Jetzt verstehe ich, warum du das Baby in
deinem Bauch aufbewahrst. Eure Wohnung ist
viel zu klein für noch jemanden.«

**Sophie (2) dreht mit suchendem Blick
einen Ball in den Händen. »Wo Bauchnabel?«**

Neffe (3): »Ich habe eine Geschichte im Ohr.
Hast du auch eine Geschichte im Ohr?«
Tante: »Nein …«
Neffe: »Im Kopf?«
Tante: »Hmm. Nee.«
Neffe: »Im Auge?«
Tante: »Schau mal nach.«
Neffe schaut der Tante ins Auge. »Nee, da ist nichts.
Im Mund vielleicht? Mach mal den Mund auf.«
Tante macht den Mund auf. Der Neffe findet zwar
keine Geschichte, aber er entdeckt das Gaumen-
zäpfchen und stellt erstaunt fest: »Du hast ja 'nen
Pillermann im Mund!«

Onkel zur fast dreijährigen Nichte: »Na, du Baby!«
Nichte: »Ich bin kein Baby. Ich hab Mama schon
lange gesagt, dass es in ihrem Bauch zu eng ist.
Und dann bin ich einfach rausgeschlupft.«

**Die hochschwangere Mutter liegt mit der Tochter
(3) auf der Couch. Die Tochter trinkt aus ihrer
Flasche. Als die Flasche leer ist, betrachtet sie
ihren Bauch und sagt: »Noch so 'ne Flasche,
und ich krieg auch ein Baby.«**

Telefonat mit der Nichte (3):
»Bist du nicht bei deinem Papa?«
»Nein.«
»Warum nicht?«
»Mein Papa ist doch tot.«
»Ach Quatsch, dein Papa lebt.
Der Papa von mir und von deiner Mama
ist schon gestorben, aber deiner
zum Glück noch nicht.«
»Doch.«
»Nein, schau mal, wenn jemand
tot ist, dann ist er nicht mehr da.
Aber dein Papa ist doch da –
der frühstückt mit dir, und der springt
mit dir rum …«
»Nee, der springt nicht rum.
Der sitzt auf dem Klo.«

Lilly (8) will wissen, wann Mama und Papa sich
kennengelernt haben. Die Mama beginnt zu
erzählen. Dann kommt der kleine Bruder Mika (5)
rein, hört kurz zu und fragt: »Du, Mama, wann
haben wir uns eigentlich kennengelernt?«

Linnea (6): »Mami, bei Zwillingen hat die Frau
zwei Babys im Bauch und bei Drillingen drei.
Gut, dass ich ein Einling war, oder?«

In der Therapiestunde.
Eines der Kinder (6) will wissen:
»Hast du Kinder?«
Therapeutin: »Nein, noch nicht.«
Kind: »Wie alt bist du denn?«
Therapeutin: »Rate mal.«
Kind: »Hmm, fünfzig?«
Therapeutin: »Nein, so alt bin ich noch nicht.«
Kind: »Zwanzig?«
Therapeutin: »Nein, ich bin dreißig.«
Kind: »Ach, dann bist du eh schon
viel zu alt für Kinder.«

Tochter (3): »Du bist Papas Frau,
und wir sind deine Kinder.«
Mutter: »Nein, Papa ist mein Freund.«
Tochter: »Was?«
Mutter: »Papa ist mein Partner.
Und wenn wir heiraten, ist er mein Mann,
und ich bin seine Frau.«
Tochter: »Dann heirate ich Papa auch.
Erst ich, dann du.«
Mutter: »Okay, machen wir so.«
Tochter: »Ja, du darfst Papa auch heiraten.
Damit du nicht traurig bist.«

Moritz liest für die Schule einen Text
über Füchse: »›… schmusen und paaren sich.‹
Papa, was heißt ›paaren‹?«
Vater: »Das heißt, dass die Füchse Kinder
bekommen.«
Moritz: »Oh!«

Sohn (völlig unvermittelt):
»Ha, ha, ha, Papa ist in die Mama verliebt!«

Mutter: »Anjas Baby ist heute
auf die Welt gekommen.«
Sohn (2): »Ja, es ist endlich rausgekrabbelt.«

Der Sohn pupst am Frühstückstisch.
Böse Blicke. Der Sohn fast schon in Yoda-Manier:
»Die Gase in mir sind stark. Ein mächtiger Furz,
der entweichen musste.«

Der Sohn (4) zum Vater: »Papa, ich wünsche mir einen Babybruder. Ich hab das mit Oma schon abgeklärt. Sie kann aber nicht mehr. Deswegen müsst ihr das machen.«

In der Küche der Großeltern.
Enkel (4): »Omi, wo ist eigentlich Opi?«
Oma: »Weiß ich nicht.«
Kind: »Der ist bestimmt oben und fault.«

Bei Oma und Opa

*Sonntagabend. Der Sohn hat das Wochenende bei den
Großeltern verbracht. Der Opa hat ihn gerade wieder
heimgefahren. Jetzt liegt auf dem Küchentisch eine Plastiktüte. Wie es denn am Wochenende war, möchte man wissen.
»Ach, gut«, sagt der Sohn und verschwindet in seinem
Zimmer. Was sie denn gemacht haben, fragt man. »Gespielt«,
sagt er und zieht die Tür hinter sich zu. Dann gibt es Abendessen. Der Sohn sitzt am Tisch und mault. Er hat keinen
Hunger. Ob er denn bei Oma und Opa schon gegessen hat,
fragt man. Er nickt. Und was gab's da? Der Sohn zeigt auf
die Plastiktüte: »Schokolade.«*

Beim Abendessen. Max will wissen, ob Adam
und Eva wirklich die ersten Menschen waren.
Mutter: »Ja, so steht's zumindest in der Bibel.«
Max: »Und woher kommen dann die
schwarzen Menschen?«
Die Mutter versucht, es ihm zu erklären.
Max: »Oma ist auch eine der ersten, oder?«

Der Sohn (4) kratzt mit den Fingern das
Moos zwischen den Steinen vom Hof.
Mutter: »Oh, da wird der Opa sich aber freuen.«
Sohn: »Wieso, mag der Moos?«

**Felix (2) sieht sich mit seiner Oma
ein Bilderbuch an. Auf einem Foto ist
ein Baby im Kinderwagen zu sehen.
Oma: »Guck mal, Felix, ein Baby.«
Felix: »Gestern war ich auch noch ein Baby.«**

Die Großeltern sprechen mit der dreijährigen
Enkelin über die Feiertage: »Hast du Lust, nach
Weihnachten ein paar Tage Urlaub bei uns zu
machen und mit uns Silvester zu feiern?«
Die Enkelin überlegt kurz. »Habt ihr da
auch ein iPad?«

Im Schwimmbad. Leni (2) sieht zum ersten Mal
in ihrem Leben einen Whirlpool. Drinnen sitzen die
Großeltern. Leni ruft entsetzt: »Mama, Oma und
und Opa kochen!«

**Opa Rudi schimpft mit Oma Ursula. Enkel Lukas
(5) sieht sich das eine Weile an. Dann sagt er:
»Ursel, hör einfach gar nicht hin!«**

Vivien tobt sehr laut durch die Eisdiele.
Ihrer Oma wird das allmählich zu bunt.
Oma: »Vivien, was glaubst du denn,
wo wir hier sind?«
Vivien: »In der Eisdiele.«

In der Küche. Max (4) unterhält sich
mit seiner Oma. Er legt den Kopf auf den Tisch,
schnarcht und sagt: »Ich bin der Opa.«
Oma: »Opa! Aufwachen!«
Max (schlägt die Augen auf): »Warum?«
Oma: »Du musst doch einkaufen.«
Max: »Ich kann nicht einkaufen.«
Oma: »Warum kannst du denn nicht einkaufen?«
Max: »Weil ich nicht mehr der Jüngste bin.«

**Karfreitag, im Wohnzimmer.
Tochter (3): »Mama, ist die Oma
hundert Millionen achtzig Jahre?«
Mutter: »Nein, niemand wird je
hundert Millionen achtzig Jahre alt.«
Tochter: »Und der Mann, der das Fest macht?«
Mutter: »Welcher Mann?«
Tochter: »Der Mann, der das Fest macht.«
Mutter: »Welches Fest denn?«
Tochter: »Der Mann, der heute das Fest macht.«
Mutter (nach einigem Überlegen): »Jesus?«
Tochter: »Ja.«**

Enkelin: »Oma, in welchem Jahr
bist du geboren?«
Oma: »1959. Warum?«
Enkelin: »Aha. Und wann war
der Urknall?«

Niclas ist für eine Nacht bei den Großeltern.
Die Nachbarin steht an der Tür.
Nachbarin: »Na, darfst du heute
bei der Oma schlafen?«
Niclas nickt.
Nachbarin: »Schläfst du gerne bei der Oma?«
Niclas: »Ja. Aber manchmal muss ich auch bei
Mama und Papa schlafen.«

Die Großeltern waren zu Besuch.
Als sie sich verabschieden, nimmt der Opa Omas
Jacke von der Garderobe und hilft der Oma
hinein. Anna (4) sieht das und schreitet sofort ein.
»Du musst der Oma nicht helfen. Die kann das
schon alleine.«

Paul (3) hört, wie seine Tante die Oma
mit Mama anspricht. Er tippt sie an und korrigiert:
»Die heißt nicht Mama. Die heißt Oma.«

Der Sohn ist nicht zu Hause. An der Haustür klebt ein Zettel: »Hallo Mama! Bin bei Oma und Opa Fußball gucken. Rufe bei Oma dann an. Schlüssel liegt unter dem Teppich vor der Tür.«

Philipp (5): »Mama, wie alt ist Oma noch mal? So was mit hundert, oder?«

Enkel (4): »Oma, Onkel Thomas hat Stinkefüße.«
Oma: »Was? Woher weißt du das?«
Enkel: »Tante Lena hat das gesagt.«
Oma: »Was? Lena hat das gesagt?«
Enkel: »Oh, oh, das gibt Ärger …«

Lukas (5) steht in der Küche und singt:
»Sexy Lady, Baby, Baby …« Die Mutter
hört ihm eine Weile zu. Irgendwann fragt sie:
»Weißt du eigentlich, was das heißt?«
Lukas: »Ja.«
Mutter: »Und wer ist deine sexy Lady?«
Lukas: »Na, du.« (Überlegt.) »Und Oma.«

Carlo (3) will mit seiner Oma Eier aus dem Hühnerstall holen. Er findet zwei Eier, hält eins in jeder Hand, schaut die Oma an und sagt: »Carlo hat zwei Eier gefunden.« Dann klatscht er.

Auf dem Friedhof. Die Mutter hat zusammen mit der Tochter (4) Blumen gepflanzt und will sie gießen. Das Kind schluchzt: »Nein, Mama, das läuft doch der Oma in die Augen!«

Der Opa geht mit dem Enkel (3) die Treppe runter ins Erdgeschoss, um Spielzeugautos zu holen. Der Kleine entscheidet sich für die Müllabfuhr und einen Lastwagen. Er klemmt sich die großen Autos unter die Arme und steigt die Treppe vorsichtig wieder hinauf. Der Opa fragt: »Kann ich dir helfen?« Der Enkel sieht ihn an und sagt: »Das wäre sehr zuvorkommend. Schließlich hat der Mensch nur zwei Arme.«

Frank brüllt über den Schulhof: »Jürgen! Komm her! Deine Oma ist da!«
Oma: »Mutter.«

Bei der Beerdigung der Großmutter. Aufbahrungshalle. Der Sohn (6) zu seiner Mutter: »Och, guck mal, die Oma liegt da wie im Römertopf.«

**Franz (3): »Oma, ziehst du die Couch aus?«
Oma: »Das kann der Opa machen.«
Franz (bevor Opa antworten kann): »Nee, der Opa
ist zu faul zum Aufstehen.«**

Die Mutter war mit dem Sohn (5) auf dem Friedhof
am Grab der Urgroßmutter. Am nächsten Tag legt er
morgens drei Legoskelette aufs Bett und fragt:
»Mama, welches davon ist Oma Irmgard?«

Zu Besuch bei den Großeltern. Der Enkel (2) hat
vor Kurzem gekochte Eier für sich entdeckt, aber er
mag sie nur, wenn sie warm sind und innen weich.
In der Küche mopst er sich ein hart gekochtes,
kaltes Ei vom Tisch und beginnt, es zu schälen.
Als er die Schale entfernt hat, beißt er erwartungs-
voll hinein, hält kurz inne und ruft dann vollkommen entsetzt: »Oh, Mamaaaa! Ei putt! Bäh!«

Während die Mutter bei der Arbeit ist,
passt die Großmutter auf Felix (3) auf. Als die Mutter
zurückkommt, sagt Felix: »Oma, du warst jetzt
lang genug da. Du kannst gehen.«

Vater: »Die Oma ist jetzt
an einem besseren Ort.«
Tochter: »Offenbach?«

Anna (9) soll den Vormittag
bei ihren Großeltern verbringen.
Anna: »Wieso denn? Wo wollt ihr denn hin?«
Vater: »Zum Frühschoppen.«
Anna (entrüstet): »Aber ich geh
doch auch gern früh shoppen.«

Carina (3) möchte Oma mit
dem Arztkoffer untersuchen.
Oma: »Aber ich bin doch kerngesund!«
Carina: »Nein, Oma, du bist kernkrank.«

Die Großeltern aus Oranienburg
haben Bela (2) einen Adventskalender geschickt.
Er öffnet das erste Türchen.
Mutter: »Und, was ist es?«
Bela: »Ein Stern.«
Mutter: »Und woraus ist der Stern?«
Bela: »Aus Oranienburg.«

**Nach dem Nachmittag beim Opa.
Sohn (4): »Opa und ich haben
den Kofferraum sauber gemacht.
Eigentlich nur ich. Opa hat was
Wichtigeres gemacht. Aber ich weiß
nicht mehr, was.«**

Im Supermarkt.
Kevin (4): »Papa, wer hat
bei uns zu Hause eigentlich
das Sagen?« Er überlegt kurz
und antwortet selbst:
»Ich glaub, die Mama.
Echt blöd für uns.«

Wir müssen noch Einkaufen

Etwas Gemüse, Aufschnitt, Brot fürs Wochenende, Getränke, Joghurt, Waschmittel und Spüli. Das sollte schnell gehen. Da bleiben die Kinder am besten im Auto. Die Kleine schläft sowieso. Der Große hört Radio. Papa ist gleich zurück. Geht ganz schnell. Hoffentlich keine lange Schlange an der Kasse. Glück gehabt. Aber dann hat eine Frau vergessen, ihre Äpfel abzuwiegen. Und der junge Mann hinter ihr bemerkt erst beim Bezahlen, dass er gar kein Geld dabeihat. Jemand muss zur Kasse kommen. Storno. Warten. Dann endlich raus. Mit dem Einkaufswagen auf den Parkplatz. Um das Auto herum hat sich eine kleine Traube gebildet. Von draußen hört man die weinenden Kinder. Eine Frau klopft gegen die Scheibe. Man hört sie sagen: »Was sind das bloß für Eltern?«

Im Auto auf dem Weg zum Einkaufen.
Mutter: »Wir brauchen noch jungen Gouda.«
Lea (3) von der Rückbank: »Und Mädchen-Gouda.«

Die Mutter sortiert zu klein gewordene
Klamotten aus und packt ein Kleid in eine Tüte.
Emily (3) will wissen, warum sie es wegwirft.
Mutter: »Das ist zu klein. Da guckt der Po raus.«
Tags darauf stehen die Mutter und Emily
in der Schlange im Supermarkt,
vor ihnen eine junge Frau.
Emily: »Du musst mit deiner Mama
Kleider kaufen gehen.«
Die Frau: »Warum das denn?
Ich hab doch Kleider, Süße.«
Emily: »Ja, aber das ist zu klein.
Da guckt der Po raus.«

Im Supermarkt. Eine Mutter steht
mit ihrer Tochter vor einem Regal mit Zopfgummis.
Tochter: »Mama, ich will auch so einen Pfotzhalter.«

**Die Mutter sieht sich mit Linnea (6) ein Kinder-
buch über Aufklärung an. Es geht um Eizellen
und Samenzellen. Zwei Tage später steht die
Mutter mit der Tochter im Supermarkt in der
Gemüseabteilung. Ein paar Meter weiter legt ein
Mann gerade Tomaten in den Einkaufswagen.
Linnea (laut und deutlich): »Mama, hat der
Mann auch so viele Samenzellen?«**

Sohn (4): »Boah, die große Ritterburg.
Die will ich mir wünschen.«
Mutter: »Die ist aber ganz schön teuer.«
Sohn (verdreht die Augen): »Mami, ich will
mir die wünschen, nicht kaufen.«

**Die Enkelin (7) geht zum ersten Mal alleine
zum Metzger. Sie soll Hackfleisch mitbringen.
Als sie schon ein paar Meter gegangen ist, dreht
sie sich noch mal um und ruft zurück: »Oma, das
Hackfleisch geschnitten oder am Stück?«**

Einkaufen im Baumarkt. In der Badabteilung bleibt
die Tochter (8) stehen und sagt: »Boah, sind das
viele Kloen.« Die kleine Schwester (genervt):
»Bist du blöd. Das heißt Klöe.«

Der Sohn soll in der Bäckerei ein saftiges Mischbrot
holen. Nach ein paar Minuten kommt er deprimiert
wieder raus und sagt: »Mama, die haben kein
gemischtes Saftbrot.«

Vor dem Klamottenladen.
Mutter: »Mausi, da möchte ich
gern mal rein, ein neues T-Shirt kaufen.«
Mira (2) sieht an der Mutter hoch.
»Aber Mami, du brauchst
doch keins. Du hast doch eins an.«

Im Auto unterwegs zum Schuhekaufen.
Mutter: »Du darfst dir zwei Paar
Halbschuhe aussuchen.«
Timo (10): »Halbschuhe?«
Mutter: »Genau.«
(Schweigen)
Timo: »Mama, warum darf ich keine
ganzen Schuhe haben?«

**An der Wursttheke. Der Sohn (3)
möchte eine dicke Scheibe Lyoner,
hat den Namen aber nicht mehr ganz
in Erinnerung. »Mami, ich möchte
eine dicke Ilona.«**

Nach dem Einkaufen. Als die Mutter
die Einkäufe ins Haus getragen hat, fällt die Tür
zu. Sie drückt auf den Klingelknopf. Durch die
Gegensprechanlage meldet sich die Tochter (8):
»McDonald's, Ihre Bestellung bitte.«

Mutter und Sohn (10) sind aus der Stadt zurück. Der Vater sitzt im Wohnzimmer. Der Sohn kommt rein und zeigt stolz auf seine neuen Turnschuhe: »Guck mal, ich hab neue Snickers.«

In der Gemüseabteilung. Der Sohn bleibt nachdenklich vor den Pastinaken stehen. »Guck mal, Mama, nackte Karotten.«

Im Möbelhaus. Auf einem Sofa liegt neben der Mappe mit den Stoffmustern noch ein Ring, an dem die unterschiedlichen Materialien für die Füße des Sofas befestigt sind. Der Sohn (10) nimmt den Ring in die Hand, begutachtet die Muster und stellt dann fest: »Alter, das Sofa gibt's auch aus Holz.«

Willi (4) sitzt im Einkaufswagen. Als der Vater nach rechts schiebt, brüllt Willi lauthals: »Papa, dreh den Wagen wieder, sonst kann ich den Frauen nicht nachsehen.«

Mutter im Laden:
»Nein, nichts anfassen, nur schauen!«
Sohn: »Mama, ich fasse nichts an.
Ich schaue mit den Händen.«

Konrad am Morgen
nach seinem siebten Geburtstag:
»Irgendwie fühle ich mich
immer noch wie sechs.«

Philosophie oder die Grenzen der Logik

Der Gartenschlauch macht, was er will. Eigentlich müsste da vorne doch jetzt Wasser rauskommen, aber irgendwas mit der Pumpe scheint nicht zu stimmen. Der Sohn sitzt auf dem Gartenstuhl unter dem Sonnenschirm und sieht belustigt zu. Man selbst wird immer wütender auf das Gerät und dieses Stück Plastik. Man saugt an dem Ding, tritt gegen die Pumpe, dann klemmt man sich den Schlauch für zehn Sekunden zwischen die Beine, weil man etwas aus der Tasche holen möchte. Und genau in diesem Moment stößt die Pumpe einen Wasserstrahl aus. Mitten ins Gesicht. Der Sohn fällt fast vom Stuhl vor Lachen, und als er sich kurz darauf wieder halbwegs gefangen hat, steht er auf und ruft einem fröhlich entgegen: »Tja, Papa, so ist das Leben.«

Luna (3) ist in Plapperlaune. Sie quatscht schon die ganze Zeit. Ihre Mutter hört geduldig zu. Irgendwann sagt Luna: »Ich muss jetzt aufhören zu reden. Mein Bein tut schon weh.«

Tochter: »Warum?«
Mutter: »Was denn, warum, Milchen?«
Tochter (seufzt): »All das.«

Der Vater zur Tochter (3):
»Hast du schon eine ganze Banane gegessen?«
Tochter: »Nein. Nur zwei halbe.«

Felix (3): »Ich bin ein Du.
Du bist ein Du.
Mama, du bist meine Mama.«

Beim Abendessen.
Celina (4): »Ist doch logisch,
dass Menschen sterben müssen.
Sonst wäre doch irgendwann
kein Platz mehr.«

Die Tochter (4) räuspert sich lautstark.
Mutter: »Hast du dich verschluckt?«
Tochter: »Nein, wieso? Ich bin doch noch da!«

Emily: »Mama, übergestern im Kindergarten …«
Mutter: »Du meinst vorgestern.«
Emily: »Nein, nicht nach vorne,
ich meine nach hinten.«

**Die Mutter sieht sich mit der Tochter (3)
Fotos an, auf denen sie etwa ein Jahr alt ist.
Tochter (versonnen): »Ach, da war ich
noch ein Kind.«**

Die Tochter (9) erklärt, wie man im Treppenhaus
die Wohnung der Eltern findet: »Wir wohnen
im obersten Erdgeschoss.«

Der Sohn (7) verschwindet nach dem Essen auf sein
Zimmer. Dann kommt er noch mal kurz zurück,
steckt den Kopf durch die Tür und sagt: »Falls du
mich brauchst, ich bin nicht da.«

Feststellung des Sohns: »Papa, du bist das Vorbild,
und ich bin das Nachbild.«

Greta (3): »Mir schwant
Schreckliches.«
Mama: »Wieso?«
Greta: »Weil mir Schreckliches
schwant. Hörst du nicht zu?
Hab ich doch jetzt schon
zweimal gesagt.«

Lenny (4) sitzt auf den Schultern
seines Vaters, der zwei Köpfe
größer ist als die Mutter.
Vater: »Lenny, du wirst schwer.
Geh mal auf Mamas Schultern.«
Lenny: »Nee, bei Mama geht
kein Huckepack. Da krieg ich Höhenangst.«

**Philip (5): »Mama, als Gott
die Welt gemacht hat,
hatten wir da noch die Affensprache?«**

Der Vater geht mit der Tochter spazieren.
Plötzlich bleibt die Tochter stehen,
sieht glücklich zu ihrem Vater auf und sagt:
»Papa, gut, dass wir uns kennengelernt haben, was?«

Der Tochter (2) gelingt es inzwischen
schon sehr gut, ein Frühstücksei auszulöffeln.
»Ich kann das. Ich bin ein großes Mädchen.«
Sie schaut zum Vater, der auch gerade ein Ei isst.
»Papa ist auch ein großes Mädchen.«

Im Fernsehen läuft ein alter Schwarz-Weiß-Film.
Die Tochter (4) schaut gebannt auf den Bildschirm
und beginnt, sich für die Vergangenheit zu
interessieren. Sie stellt Fragen über Fragen.
Die Mutter antwortet geduldig. Dann guckt die
Tochter plötzlich ganz erschrocken und fragt:
»Mama, warst du früher auch schwarz-weiß?«

Die Mutter kommt ins Wohnzimmer.
Die Tochter (2) sitzt auf dem Teppich
in einem Wäschekorb.
Mutter. »Was machst du denn da?«
Tochter: »Ich wohne hier.«

Im Kindergarten sprechen sie
in letzter Zeit öfter über Gott.
Abends sitzt die Mutter auf der Bettkante
des Sohnes. Als sie gerade das Licht
ausmachen will, sagt er: »Du, Mama,
der liebe Gott ist schon ganz alt.«
Er macht eine Pause. »Aber Meister Yoda
ist noch viel älter.«

Die Tochter schläft bei den Großeltern.
Die Mutter ist noch mit reingekommen,
aber nach ein paar Minuten gibt es Ärger.
Mutter: »Jetzt lass das, und hör bitte zu!«
Tochter: »Nein, du bist hier nicht der Bestimmer.«
Mutter: »Ach, und wieso nicht?«
Tochter: »Du schläfst hier nicht!«

Matilda (3): »Mama, welche Farbe magst du?«
Mama: »Ich mag Blau.«
Matilda: »Aber Mama, du bist doch
gar kein Junge mehr.«

Niclas ist mal wieder richtig zickig.
Vater: »Niclas, du bist eine richtige Hexe.«
Niclas: »Nein, bin ich nicht.«
Vater: »Doch, wenn du böse bist,
bist du eine richtige Hexe.«
Niclas: »Nein! Hexen haben einen Zauberstab!«

André: »Mama, mach Licht an,
ich kann sonst nicht sehen,
wo ich hingucke.«

Mutter: »Hast du gut geschlafen?«
Tochter: »Ja, ich bin gewachsen.
Ich bin jetzt größer als ich!«

Ruf aus dem Badezimmer:
»Warum ist das Universum angeblich
unendlich, Mama?«

Nachdem die Müllabfuhr die Tonnen
geleert hat und weitergefahren ist:
»Alles leer, jetzt müssen
wir neuen Müll kaufen.«

Milo (6) vor der Lego-Konstruktion
auf dem Teppich in seinem Kinderzimmer:
»Leute gehen kaputt, aber mein Haus kann
immer stehen bleiben.«

Lilly (5) stampft mit dem Fuß auf.
»Mama ich bin wirklich wieder lieb.
Und wenn du mir das nicht glaubst,
dann kann ich dir das sogar beweisen.
Ich hab die böse Lilly nämlich
aus dem Fenster geworfen und dahin
zurückgebracht, wo sie hingehört:
an die Bushaltestelle.«

Die Tochter (3) ist am Wochenende
früher wach als sonst. Sie knipst das Licht an.
Ihre Mutter hört aus dem Nebenzimmer den
Lichtschalter und ruft: »Ist alles in Ordnung?«
Die Tochter beruhigt sie: »Ja, alles in Ordnung.
Ich wollt nur nachschauen, ob's draußen
schon hell ist.«

Tochter: »Mama,
ich hab Finn mein Kissen geschenkt.«
Mutter: »Oh, das ist aber lieb von dir.«
Tochter: »Ja, ich hab jetzt ein neues.
Ich hab mir deins geschenkt.«

Die lieben Eltern

*Samstagmorgen. Autowäsche. Viel zu heiß für einen
Junitag. Der Sohn steht schon die ganze Zeit neben dem
Wagen, Hände in den Taschen, und sieht zu, wie man selbst
schweißgebadet mit dem Staubsauger über den Rücksitz
kriecht. Der Staubsauger verstummt, und der Sohn fragt, wie
das denn jetzt sei mit dem Zelten bei Jonas. Zelten? Hatte
man da denn nicht vorgestern schon Nein gesagt? »Ja, aber
Tim darf jetzt auch. Dann wär ich der Einzige, der nicht dabei
ist.« Und was sagt Mama dazu? »Wenn du's erlaubst, findet
sie's auch okay.« Der alte Trick also. Sie kennen ihn alle.
Und mein Gott, es ist Sommer. Da muss man zelten.
»Wenn Mama Ja sagt, dann meinetwegen.«*

**Räuber-Hotzenplotz-Theaterstück.
Der Sohn (6) betrachtet stolz den Stempel,
den er am Eingang auf die Hand bekommen hat.
»Jetzt hab ich auch endlich mal einen Stempel
auf der Hand. So wie du am Wochenende
immer, Mama.«**

Lukas erklärt, warum man auf keinen Fall mit
Pistolen schießen darf: »Das ist sehr gefährlich.
Dann schimpfen die Eltern.«

Putztag. Die Mutter wechselt den Staubsaugerbeutel.
Alex (4) sitzt auf dem Sofa und sieht zu. Als die
Mutter fertig ist, schließt sie die Staubsaugerklappe.
Alex (zufrieden): »Jetzt haben wir einen neuen
Teebeutel in den Staubsauger getan.«

Sohn: »Papa, darf ich dich mal was fragen?«
Vater: »Klar.«
Sohn: »Als du ein Kind warst,
gab's da eigentlich schon Fahrräder?«

Sarah-Antonia (3): »Mama, bist du alt?«
Mutter: »Nein, ich bin nicht alt.«
Sarah-Antonia: »Aber du läufst wie Oma.«
Mutter: »Ich hab Muskelkater in den Beinen.
Ich hoffe, morgen ist es wieder besser.«
Sarah-Antonia: »Bist du dann morgen alt?«

Carina streitet mit ihrem Vater.
Carina (4): »Papa, das hat sich angehört,
als ob du lügst!«
Vater: »Ich lüge nie.
Du kannst mir immer vertrauen.«
Carina: »Ich vertrau dir aber nicht mehr.
Du hast jetzt Fernsehverbot.«

Xaver (3) ist mal wieder bockig. Die Mutter versucht es erst mit freundlichen Worten, doch irgendwann lässt sie ihn genervt stehen und geht in die Küche. Ein paar Minuten später kommt er zu ihr, als wäre nichts gewesen.
Mutter: »Na, ist der Vogel jetzt wieder weg?«
Xaver dreht sich um und zeigt ins Wohnzimmer:
»Den hab ich dahinten stehen lassen.«

Die Mutter faltet im Obergeschoss Wäsche.
Aus dem Erdgeschoss ruft die Tochter:
»Mama, komm mal schnell nach unten.«
Mutter: »Ja, gleich. Ich muss nur eben noch die Wäsche einräumen.«
Tochter: »Ach, Mama, lass die stehen. Die läuft doch nicht weg.«

Morgens im Bad. Die Mutter und der Sohn (6) putzen sich die Zähne. Der Sohn sieht auf dem Waschbeckenrand eine Creme.
Sohn: »Mama, darf ich die auch mal benutzen?«
Mutter: »Klar.«
Der Sohn schmiert sich ein bisschen Creme auf den Arm, reibt sie ein und schnuppert daran.
Mutter: »Und, riecht gut?«
Sohn: »Ja, total. Nach Kartoffeln.«

Lara (9): »Mama, wenn ich in der Pubertät bin, muss ich dann weg? Oder darf ich dann zu Hause bleiben?«

Die Tochter (5) sieht sich mit dem Vater ein Buch an. Auf der letzten Seite steht: »Für Annette.« Tochter: »Papa, warum steht das da?« Vater: »Das ist eine Widmung. Der Schriftsteller hat das Buch für sein Kind geschrieben.« Tochter: »Und warum haben wir das dann?«

Isabel: »Mama, wie alt ist Papa?«
Mutter: »Fünfunddreißig.«
Isabel: »Ah, okay. Und wie alt bist du?«
Mutter: »Siebenunddreißig.«
Isabel: »Waaas? So alt?«

Alexander (15) steckt mitten in der Pubertät. Mittags kommt er aus der Schule. Die Mutter steht gerade in der Küche. Alexander: »Mama, du bist ein UFO.« Mutter: »Ein was?« Alexander: »Ein unbekanntes feminines Objekt.«

**Ben (3) will sich seine Jeans anziehen,
bekommt aber den Knopf nicht richtig zu.
Mutter: »Schaffst du das? Oder soll ich helfen?«
Ben (singt): »Ich schaffe das. Ich schaffe das.
Weil ich der Geilste bin.«**

Mutter zu Joel (4):
»Schatzi, geh bitte dein Zimmer aufräumen!«
Joel: »Schatzi? Schmeicheleien helfen
dir auch nicht weiter!«

Max (4) rennt mit den Stiefeln
durch den Keller, die Treppe hinauf und in die
Wohnung. Die Mutter hinterher. »Stopp! Nicht mit
den dreckigen Stiefeln in die Wohnung!«
Max dreht sich zu ihr um. »Na, sind wir
ein bisschen gereizt?«

Sommerfest. Die Mutter hat sich einen Kaffee
und ein Stück Kuchen gekauft. Dann fällt
ihr das Stück Kuchen vom Teller. Der Sohn (2)
sieht das Malheur und ruft: »Oh nein, Mama!
Immer Sauerei machen!«

Tochter (4) zur Mutter: »Warum hast du mir diese tollen Ballerina-Schuhe mit Glitzer gekauft?«
Mutter: »Weil ich dich so lieb hab und dir gerne was schenke.«
Tochter: »Und weil ich dich auch so lieb habe, schenke ich dir meine kaputte Haarspange.«

Der Sohn spielt in seinem Kinderzimmer.
Der Vater will ihn necken und ruft durch die Tür:
»Du bist schuld!«
Sohn: »Waaas? Ich? Woran?«
Vater: »Am Hunger in der Welt.«
Sohn: »Gar nicht. Du bist schuld. Du kippst das Essen immer weg.«

Der Sohn sitzt am Bordstein und beobachtet konzentriert die vorbeifahrenden Autos.
Mutter: »Was machst du denn da?«
Sohn: »Ich seh zu, dass ich später nicht so viel Scheiße baue beim Fahren.«

Die Mutter steht in der Küche und kocht Kaffee.
Die Tochter (5) sitzt im Kinderzimmer und murmelt laut vor sich hin. Die Mutter reagiert nicht.
Irgendwann brüllt die Tochter über den Flur:
»Mama, wenn die Krümel reden, dann muss der Keks auch schon mal antworten.«

Die Mutter steht mit dem Sohn (3)
an der Bushaltestelle. Ein fremder Mann fragt nach
der Uhrzeit. Die Mutter antwortet ihm.
Der Sohn (empört): »Mama, man darf doch
nicht mit fremden Männern reden.«

**Der Sohn (3) nach einem kleinen Streit
mit seinem Vater: »Geh einfach ganz weit weg,
und bleib bis so viel Minuten da.«**

Im Wohnzimmer. Die Mutter putzt, Lukas sitzt
auf dem Sofa. Plötzlich ist ein Geräusch aus
dem Nachbarhaus zu hören.
Lukas: »Mama, was war das?«
Mutter: »Der Staubsauger. Die nebenan
haben eine Putzfrau.«
Lukas (grinst): »Und ich hab eine Putzmama.«

Alinas sechster Geburtstag.
Vater: »Alina, bitte iss nicht
so viele Süßigkeiten, sonst platzt du.«
Alina: »So ein Quatsch! Ich bin ein Mensch,
und Menschen können überhaupt nicht
platzen.« Überlegt kurz. »Außer
vielleicht vor Wut.«

Der Vater predigt, man möge sich
auf das konzentrieren, was man gut kann.
Tochter (5): »Darf ich mal
kurz unterbrechen?«
Vater: »Okay.«
Tochter: »Ich liebe euch beide.«

**Mutter und Tochter (3) packen
die Tasche fürs Schwimmbad.
Mutter: »Yara, wo hast du denn
den einen Badelatschen hingepfeffert?«
Yara: »Weiß ich nicht. Aber ich kann
dich festhalten. Dann rutschst du nicht aus.«**

Die Tante unterhält sich mit ihrer Nichte (2).
Tante: »Du bist mir ja ein verrücktes Hühnchen.«
Nichte: »Nein, ich bin ein Mädchen.«
Tante: »Und die Mama? Ist die auch ein Mädchen?«
Nichte: »Nein, die ist eine Frau.«
Tante: »Und die Tante Nadine?«
Nichte: »Die ist auch eine Frau.«
Tante: »Und der Papa, ist der eine Frau?«
Nichte: »Nein, der ist ein Mann.«
Tante: »Und was bin ich?«
Nichte: »Du bist ein verrücktes Hühnchen.«

Tashina spielt Kuchenbacken.
Sie bringt einen unsichtbaren Kuchen,
reicht ihn ihrem Vater und sagt:
»Achtung, der ist heiß, aber ich puste jetzt.«
Vater: »Aua, heiß!«
Tashina: »Nein, ich hab gepustet.«
Vater: »Aber der ist immer noch heiß.
Frag mal Mama.«
Tashina geht zur Mutter. Die nimmt
den imaginären Kuchen, lässt ihn aber
gleich wieder los: »Aua, heiß!«
Tashina (verständnislos): »Ihr seid voll Spinner.«

**Der Sohn (4) hat sich in den Finger geschnitten.
Auf der Wunde klebt ein Pflaster. Nach ein paar
Tagen zieht die Mutter das Pflaster wieder ab.
Sohn: »Mama, mach mal das Fenster auf.
Da soll doch jetzt viel Luft dran.«**

Die Tochter hat in die Windel gemacht.
Mutter: »Du stinkst.«
Tochter: »Nein, ich tu nur so!«

Juna hat eine Weile auf ihrem Bein gesessen.
Als sie aufstehen will, kribbelt es. Sie ruft panisch:
»Mamaaa! Mein Bein schmilzt!«

Im Wartezimmer. Eine offenbar geistig verwirrte
Frau mit Sturmfrisur kommt herein.
Tochter (4): »Mama, ist das eine Vogelscheuche?«

Vater zu seinem Sohn (2): »Du bist mein lieber Spatz.«
Sohn: »Nein, Papa. Großer Junge.«

Mutter: »Kannst du mal hören, was ich dir sage?«
Kris (4): »Ja, ich höre, was du sagst.«
Mutter: »Okay, und kannst du mal gehorchen?«
Kris: »Ja, wie geht das?«

Emily (9) und Malick (7) haben mit der Mutter den kleinen Bruder aus dem Kindergarten abgeholt. Auf dem Weg haben sie über den Zweiten Weltkrieg gesprochen. Die Mutter erzählt von Anne Frank. Dann fällt das Wort »Diktator«. Malick will wissen, was das ist. Die Mutter versucht, es ihm zu erklären: »Das ist ein Mensch, der nur seine eigene Meinung akzeptiert und der immer will, dass alle Menschen das machen, was er sagt.« Malick schaut seine Mutter ernst an und sagt: »Dann bist du auch ein Diktator?«

Ausgesperrt. Kind drinnen hinter der Tür:
»Ich darf die Tür nicht aufmachen.«
»Ich weiß, aber ich habe keinen Schlüssel.«
»MAMA!«
»ICH BIN DEINE MAMA!«
»MAAMAAAAA!«

Florentine-Alice (5) spreizt Daumen und Zeigefinger weit auseinander. Dann präsentiert sie das Ergebnis und sagt: »Guck mal, ein Spagat aus Fingern.«

Bennett (5) trägt bei
der Abreise von der Oma
den Schuhbeutel zum Auto.
Vater: »Dankeschön.«
Bennett: »Ich bin halt
ein sehr nützliches Kind.«

**Die Tochter (7) hat dem Vater erzählt,
dass sie verliebt ist – in Niklas, denn
»der hat so schöne warme Ohren«.**

Im Tattoo-Studio. Die Mutter blättert in einem
Katalog mit verschiedenen Motiven. In einer Ecke
steht zwischen zwei Sofas eine Pappfigur. Der Mann
ist nackt. Man sieht an verschiedenen Stellen Haut,
Sehnen, Muskeln und Knochen. Die Tochter kann den
Blick nicht von der Figur abwenden. Irgendwann sagt
sie: »Mama, guck mal, da steht der böse Buhmann.
Und der hat keinen Schlüpfer an.«

Der Sohn will sich die Nase putzen.
Er nimmt das Taschentuch, hält es sich vor
die Nase und brüllt: »Pooopel!«

**Der Sohn kommt ganz aufgeregt in die Küche.
»Mama, da ist so was komisches Rundes
an meinem Fenster.«
Die Mutter folgt ihm ins Zimmer.
»Das ist ein Loch! Wie ist das denn passiert?«
Sohn: »Das weiß ich nicht. Da musst du wen
fragen, der älter ist als ich. Ich bin doch erst vier.«
Mutter: »Okay, was könnte denn so ein Loch
ins Fenster gemacht haben?«
Sohn: »Mein Holzschwert?«**

Auf dem Friedhof. Die Mutter bittet Maya (4),
etwas leiser zu sein. Maya kann sich den Sinn
der Anweisung nicht so richtig erklären.
Sie mutmaßt: »Vielleicht für die, die nicht so tief
liegen, damit es denen nicht zu laut ist?«

Der Sohn (3) schlägt den Vater.
Vater: »Entschuldige dich!«
Sohn: »Entschuldigung.«
Vater: »Wofür?«
Sohn: »Dass mein Papa so schwach ist.«

Cousine Matilda (4) ist zu Besuch. Sophie (3)
ist aufgedreht und aufmüpfig. Irgendwann spricht
der Vater ein Machtwort. »Sophie, ich möchte nicht
von dir angeschrien werden.« Darauf mischt
Matilda sich ein: »Genau, Sophie, ich schrei meinen
Vater auch nicht an.« Kurze Pause. Dann leiser:
»Nur meine Mutter.«

**Milo entdeckt einen Blumenstrauß auf dem
Esstisch. »Mama, hast du schon wieder geheiratet?«**

Paul zeigt nach dem Wickeln auf seine volle Windel.
Der Vater sieht ihn fragend an.
Paul: »Wegbringen, die Stinkbombe!«

Die Tochter (3) macht mal wieder Blödsinn.
Mutter: »Pass mal lieber auf, du!«
Tochter: »Ich will aber nicht aufpassen.
Ich will lieber so ungeschickt sein wie du.«

Die Tochter klärt ihre Mutter über rechtliche Fragen auf: »Mama, Mütter dürfen ihre Kinder nicht durchschneiden. Weil, sonst kommt ja die Polizei.«

Mutter: »Mensch, das macht mich
jetzt echt richtig sauer!«
Tochter (spitzt die Lippen zu einem Küsschen):
»Komm her, Mama, ich mach dich wieder süß!«

Sohn (5): »Mama, ziehen wir um?«
Mama: »Nein, wieso fragst du?«
Sohn: »Weil du und Papa aufräumen.«

Nach dem Aufstehen. Der Sohn schaut aus dem Fenster und ist vollkommen entsetzt. »Mama, die Müllabfuhr hat den ganzen Schnee abgeholt!«

Carina (4) spielt
mit dem Hund der
Großeltern Tierärztin.
Oma: »Und, was
fehlt der Lucy?«
Carina: »Die hat
Heimweh im Darm!«

GESUNDHEIT!

38 Grad Fieber. Der Sohn liegt schon den ganzen Morgen wie ein Stofftier auf dem Sofa. Er hat darum gebeten, den Fernseher auszustellen. Kein gutes Zeichen. Man kocht ihm einen Tee, wickelt ihn in eine Decke und streicht ihm über die Stirn. Er schwitzt. Er kann die Augen kaum öffnen. Sommergrippe. Draußen tragen die Kinder T-Shirts. Die Sonne scheint. Es klingelt an der Haustür. Max von gegenüber. Ob Jonas zum Spielen rauskommt. Nee, der ist leider krank. Jetzt regt der Sohn auf dem Sofa sich doch ein bisschen. Er richtet sich auf und ruft mit letzter Kraft zur Tür: »Max, warte! Gleich bin ich wieder gesund.«

In der Kinderarzt-Praxis.
Arzt: »Matilda, was siehst du, wenn du in
das Wasser in der Wanne guckst?«
Matilda: »Mama!«
Arzt: »Und was siehst du, wenn du in
den Spiegel guckst?«
Matilda: »Meine große Schwester!«

Alex kommt vom Spielen. Er hat sich wehgetan,
verzieht das Gesicht, zeigt seiner Mutter
die Stelle und teilt ihr betrübt mit: »Mama,
ich hab mich hierhin verletzt.«

Die Tochter spricht mit der Mutter über
die Augenkrankheit der Oma.
Tochter: »Mama, die Oma hat
einen schwarzen Raben, oder?«
Mutter: »Nein, die hat einen grauen Star.«
Tochter: »Ja, genau, ich wusste, dass
die einen Vogel hat.«

Mit Claire (4) bei der Untersuchung.
Der Kinderarzt macht ein paar Tests.
Dazu stellt er Claire Fragen.
Arzt: »Am Tag ist es hell, und in
der Nacht ist es ...?«
Claire: »Schlafenszeit.«

Emil ist krank. Der Vater hat Nudeln gekocht.
Emil: »Ich muss Mama was sagen.«
Vater: »Aber Mama schläft schon.«
Emil: »Okay, ich sag es so laut, dass Mama es hört,
aber so leise, dass sie dann weiterschläft.«

Finn, der Hund der Freundin,
ist schwer krank. Er hat Krebs.
Sohn (3): »Kann ich auch
Krebs bekommen, wenn ich Finn umarme?«
Mutter. »Nein, der wird nicht übertragen.
Den bekommt man, wenn man
ungesund lebt. Deswegen ist es auch gut, dass
Jakob aufgehört hat zu rauchen.«
Sohn: »Ist seine Lunge nicht mehr schwarz?«
Mutter: »Wenn man aufhört, kann sie
wieder gesund werden.«
Sohn: »Dann haben die guten Bakterien sie sauber
gemacht. Die haben immer einen Lappen hinten in
der Hosentasche, und wenn sie einen schwarzen
Fleck sehen, putzen sie ihn schnell weg.«

Freunde sind zu Besuch. Beim Essen bemerkt Filiz
(11): »Wenn ich groß bin, wohne ich hier im Haus,
und Mama geht ins Pflegeheim.«

**Im Auto. Bosse (5) sitzt mit seinem Freund
auf der Rückbank. Die beiden unterhalten sich
über die Oma, die gerade eine Krebserkrankung
überstanden hat. Irgendwann fragt die Mutter
nach hinten: »Worüber redet ihr denn?«
Bosse: »Über Krebse und Krankheiten.«**

»Du, Papa, bei Erkältung
hört sich meine Stimme ganz anders an,
aber ich spreche trotzdem Deutsch.«

Die Patentante liegt
mit Grippe im Bett. Patenkind Lennox (5)
ist am Telefon. Sie sprechen miteinander.
Als sie sich verabschieden, sagt Lennox:
»Tschüs! Und eine schöne Gesundheit!«

Bei der Untersuchung zur Einschulung.
Die Ärztin stellt eine Frage nach der anderen.
Der Sohn (6) ist allmählich genervt. Dann geht
es um Sprache. Die Ärztin will prüfen, ob er das
»Sch« aussprechen kann. »Tom, sag doch bitte mal
das Wort ›Schmetterling‹.« Doch Tom schweigt.
Die Mutter bittet ihn, das Wort zu sagen. Er schweigt
weiter. Nach einigen Minuten und weiteren Aufforde-
rungen reißt ihm der Geduldsfaden, und er brüllt:
»Ich will aber kein Scheißschmetterling sagen!«

**Moritz' bester Freund ist schon den
zweiten Tag krank. Zu Hause fragt die Mutter:
»Was hat denn dein Freund?«
Moritz: »Ach, diese rumgehende Krankheit.«
Mutter: »Und welche?«
Moritz (genervt): »Na, die rumgehende!«**

Tochter: »Papa, du musst mal deinen Bauch
wieder trainieren. Der ist so dick wie eine
Cola-Flasche.«

Johanna (5): »Mama, weißt du noch,
als ich krank war und pinkes Zillin
nehmen musste?«

Beim Kinderzahnarzt.
Zahnärztin zum Vater: »Und gegen die Schmerzen
schreib ich Ihnen dann noch was auf.«
Tochter (6): »Ja, das ist gut. Der Papa vergisst
nämlich immer alles. Neulich hat der auch
mein Taschengeld vergessen.«

Janne (7) hat Bauchschmerzen. Seine Mutter hat ihm einen Tee gekocht. »Komm her, Tee und Kuscheln hilft bei Bauchweh.« Janne: »Schokolade bestimmt auch.«

Ben (fürchterlich aufgeregt):
»Mama ist ins Krankenhaus gekommen.
Die muss operiert werden,
der Blinddarm muss raus.«
Emil (betroffen): »Wieso?
Kann die nicht mehr gut sehen?«

Die Tochter hat Schluckauf.
Tochter: »Ich will keinen Schluckauf haben.«
Mutter: »Warum nicht?«
Tochter: »Das ist schlecht für die Haut.«

Lilly nach dem Besuch beim Augenarzt:
»Oma, ich hab einen Knick in der Seele.«

Die Mutter muss operiert werden.
Am Vorabend der OP kommt die Tochter (8)
zu ihr und fragt: »Mama, wenn du repariert wirst,
wirst du dann auch eingeschläfert?«

Sohn (11): »Mama, was machen wir morgen?«
Mutter: »Ich glaub, nicht viel. Ich bin ein bisschen
krank, und Papa hat sich wohl angesteckt.«
Sohn zum Vater (verständnislos): »Ja, ja. Du musstest
sie heute Morgen ja unbedingt noch auf
den Mund küssen.«

Tochter (3): »Oma, sind das Lutschbonbons?«
Oma: »Nein, das sind Tabletten für mein Knie.«
Tochter: »Und was passiert, wenn du eine Hose
anziehst? Fallen die Tabletten dann ab?«

Neulich beim Onkel zu Hause vor dem Fernseher.
Nichte (4): »Ich glaub, ich hab Rheuma.«
Onkel: »Komm, da machen wir Nivea drauf.«
Nichte: »Ah, schon viel besser.«

Dank

an Alessandra A., Desiree A., Julia Adden, Nina Ahlers,
Ana Alba, Christin Albrecht, Björn Althoff, Ana,
Ani und Max, Familie Augustin, Birgit Bachmann,
Angela Baier, Katja Baltes-Bohrisch, Georg Bär,
Alexandra Batino, Melanie Battermann, Anja Baumann,
Anna Be, Ulrike Becher, Sabrina Becker-de Sousa,
Tina Behrens, Maike Bensing, Brigitte Berg, Berit,
Sebastian Bernard, Bettina, Guido Beyer, Bleibcool-
mami, Melanie Bien, Julia Billecke, Christian Bödding,
Siegfried Bogdanski, Eva M. Born, Tanja Brandt,
C. P. Braniek, Nicole Brauer, Mara Braun, Sandra Braun,
Kai Brinkmann, Sebastian Brockert, Vera Bunse,
Thorsten Büsker, Jayden und Tyler Butt, Nathalie Carté,
Cathrin, Christin Roxanne, Sarah Chrysant, Claudi,
Carsten Cordesmeyer, Bianca Czok, Nicole DaHo,
Veit Dange, Jaqueline Deitert, Isabelle Dette,
Britta Deusen, Wiebke Diederichsen, Christin Diekmann,
Stephanie Dingenskirchen, Kathrin Dinger,
Corda Dohrendorf, Stefan Dömelt, Jennifer Dörlitz,
Silke Dormann, Barbara Eggers, Kerstin Ehringer,
Grit Ellis, Susanne Engel, Stephanie Fa, Noémi Fabig,
Insomnian Fae, Steffi Fechner, Lisa Feck,
Yvonne Firnkes, Britta Fläschner, Katharina Flohrschütz,
Antonya Frankenstein, Ulrike Franz, @Frau_Merle,
Eveline Frey, Sandra Frohberg, Martin Füser, Nadine G.,
Riccarda Gaeta, @gallenbitter, Tanja Gaßner,

Christin Gerloff, Reyhaneh Wien Ghadiri,
Annika Giesselmann, Ursula Giessmann,
Claudia Göbel, Angela Gockel und Sam Marlon,
Stefanie Göde, Sarah-Lena Gombert, Katrin Grote,
Jennifer Grothe, Sven Grüther, Alexa H., Fabienne H.,
Mona H., Tamara H., Tanja H., Püppy Haag,
Verena Hager, Caro Hahn, Luna Hamacher,
Hans Taneli Hamm, Liesa Hansen, Cornelia Hardes,
Regina Hasenjürgen, Anja Heinrich, Sarah Heise,
Diana Hellmich, Linda Herzchen, Paula Hesse,
Susanne Heuing, Janina Heyer, Nicole Heyer,
Nicole Hiestermann, Franzi Hirsch, Sammy Ho,
Dominik Hoech, Holger und Heike, Christina Hölzel,
Angela Honeygirl, Stephanie Hoppe, Simon Hotfilter,
Is Bo, @iwankakackebert, Ela J., Carmen Jäger,
Bero & Friederike Jahns, Volker Jahr, Melanie Jansen-
Bothe, Vanessa Janssen, Yassi Jauß, Jess Jewel,
Anne-Marie Jörs, Julia und Levin, Galina K. und
Tinchen, Steffi K., Sylvia K., Thomas K., Tanja Ka-Bu,
Kaddi und Pete, Ronja Kamp, Sandra Kamp, Michael
Kampelmann, Isabell Karch, Katha, Kati, Katja und Sarai,
Katrinchen, Anke Kauntz, Esila-Havva Keles, Sylvia
Kern, Nicole Kiefer, Melanie und Maik Kirsch, Kyra
Klee, Laura Kleimann, @kleinehyaene, Katja Ko, Sonja
Kobusch, Hanna Kobylka, Nadine Koch, Mandy König,
Steffi Korbach-Scheel, Kira Körner, Doreen Koschnick,
Birgit Köster, Diana Kösterkamp, Nadine Kraetke,
Andrea Krämer, Jasmin Krämer, Andrea Krause, Caro
Kreiner, Corinna Kronenbürger, Sabrina Küchenhoff,
André Kurm, Tina Ladwig, Sophie Lakenbrink,

Susanne Lamprecht, Guido Lange, Dani Lasczig, Kerstin Laudemann, Thorsten Laumann, Andrea Lehmann, Annika Lehmann, Julia Leonhardt, Marina Lehninger, Kathrin Leichßenring, @lenarogl, Miriam Lethmate, Tina Leuthner, Konrad Leutz, Janina Linde, Wenke Linzen, Dag-Udo Lippe, Antje Lohkämper, Liz Lückert, Andrea Ludwig, Daniela M., Isabel M., Laura M., Corinna Christine Maack, Nadine MacKenzie, Mandy Maeder, Mel Mainz, Marlon, Jenni Martin, Daniela Marx, Sandra May, Mee Ja, Esther Meerjanssen-Flettner, Anna Melches, Jeanette Merten, Christopher Mertens und Sina Warneke, Ralf Michaelis, Miss English, Nadine Mittag, Silke Mo, Marcel Moh, Sarah Mohamad, Tanja Moll, Dominik Möller, Mona und Holger, Jasmin Montana, Elke Müller, Gabriele Müller, Katja Müller, Maria und Aimee Rose Müller, Melanie Müller-Kern, Sonja Muri, Markus Na, Nadine Naether, Marika Nagel, Marvin Natter, Gaby Neitzel, Andrea Nick, Bianca Sabrina Nies, Silke No Mo, Juliane Noculak, Nora (@noraBa), Isabelle Oberhell, Steffie Oemmy, Sabine Olbermann, Nicola Olmer, Eli Ortiz Lozano Hüls, Swenja Parche, Bianca Petzold, Anke Pfannschmidt, Tini Pietsch, Christiane Pletsch, Katharina Plottke, Matthias Pohlmann, Nathalie Pourquoi, Jasmin Qualmann, Stefanie R., Rahil, Ralle, Jana-Marleen und Sabrina Rech, Conny Regnath, Nina Reikow, Karina Reim, Ivonne Reimann, Miriam Reinholdt, Christiane Rinne, Daniela Ristau, Andrea Roesi, Martin Roschitz, Julia Rosenberger, Dana Röwekamp,

Jenny Rudner, Lea Rundler, Andrea S., Katja S., Tine S., Nadine van Saal, Sa Binchen, Mary Salerosa, Lara Sbrt, Mareike und Sontje Schaepers, Kerstin Schäpers, Franziska Scharnitzki, Bettina Schelenberg, Jennifer Sarah Schlecht, Susan Schleis, Dominik Schmengler, Caroline Schneider, Claudia Scholz, Edda Scholz, Nancy Schöneck, Nicole Schreiber, Christina Schreiner, Torsten Schröder, Melanie Schröders, Cordula Schroeder, Christina Schulte, Leonie Schulte, Cora Schulze, Caro Schwabe, Manuel Schwamm, Ivo Schweikhart, @sechs-dreinuller, Kathrin Seel, Nadja Seel, Cornelia Seidel, Jessica Selzer, Claudia Sevet, Si Nana, Melanie Siee, Andrea Siefert, Stephanie Siegfried, Parichart Sincar, Sandra Soderer, Tanja Sollwedel, Sommerkind, Nina Sörns, Manelinchen Sowieso, Moritz Spang, Hendrik Spree, Birgi Sraab, Katrin Stahl, Leonie Stauf, Peter Stawowy, Steffi, Reka-Alexandra Steinwendtner, Sarah und Elena Stelzer, Tim Stelzer, Maria Stifter, Franziska Stockmann-Olsen, Yassi Strauß, Susi und Finn Strick, Simone Struckmeier, Caty Summer, Susi, Sylvia und Thomas, @Tomster, Elena T., Tanja T., Fanny Tatter, Jennie Theune, Christoph Teves und Sophie Lakenbrink, Carolin Thielsch, Frank Thonig, Anja Tiednuh, S. von Treyer, Sarah und Philipp Ullrich, Ulrike, Barbara V., Christina Varela, Kathrin Varlemann, Claudia Vehr, Mareike Wagner, Monique Wahle, Yvonne Waßrodt, Ingo Wass, Andreas und Tashina Weidenhübler, Michaela Weiß, Malte Welding, Katja Wendler, Ela Westphal, Sabrina Wichmann,

Wiebke, Kea Wilken, Sabine Wilkes, Eva Windhausen, Stahl Wittchen, Julia Wolf, Familie Wolfs, Yara, Katja Z., Sabine Zdarsky und Anna Zeitler.

Life Hacks – der neueste Online-Hype jetzt als Buch!

432 Seiten. ISBN 978-3-7341-0232-5

Das Leben ist schon kompliziert genug, auch ohne Alltags-
problemchen, die einen den letzten Nerv und jede Menge
Zeit kosten – wie zum Beispiel verhedderte Lichterketten,
leckende Milchtüten, abgebrochene Fingernägel, wider-
spenstige Tesarollen und dergleichen mehr. Lösungen für
all diese und haufenweise anderer Ärgernisse liefern Life
Hacks: Kleine Tricks, die den alltäglichen Umgang mit
Dingen erleichtern, die erstaunlich einfach sind und richtig
viel Spaß machen. Man muss nur wissen, wie's geht!